필연적인 배필
찾는 비결

필연적인 배필 찾는 비결

ⓒ 황예승, 2024

초판 1쇄 발행 2024년 9월 19일

지은이	황예승
펴낸이	이기봉
편집	좋은땅 편집팀
펴낸곳	도서출판 좋은땅
주소	서울특별시 마포구 양화로12길 26 지월드빌딩 (서교동 395-7)
전화	02)374-8616~7
팩스	02)374-8614
이메일	gworldbook@naver.com
홈페이지	www.g-world.co.kr

ISBN 979-11-388-3545-9 (03190)

- 가격은 뒤표지에 있습니다.
- 이 책은 저작권법에 의하여 보호를 받는 저작물이므로 무단 전재와 복제를 금합니다.
- 파본은 구입하신 서점에서 교환해 드립니다.

• 가장 이상적인 배필 찾기 •

필연적인 배필 찾는 비결

황예승 지음

• 초대의 글 •

난, 이 글을 집필하기 전 나의 필연적인 배필을 찾기 위해 결혼에 대한 많은 것을 경험한 사람이다.
그래서 가정은 물론이고 남녀관계, 부부 관계에서 겪지 말아야 할 것까지 모두 경험하고 겪은 사람이다.
물론, 이것이 자랑이라는 말은 아니다.
오히려 부끄러울 뿐이다.

그러나 이제는 나의 필연적인 배필 즉, 천생연분에 대해서 고민하거나 찾아다닐 필요가 없어졌다.
왜냐면 그 비결을 알았기 때문이다.
이것을 나 혼자만 알고 있을 수가 없어서 이렇게 붓을 들었다.

난, 자신의 천생연분(이 책에서는 [필연적인 배필]이라는 용어로 통일함)을 찾는 모든 사람들이 이 책을 통해서 이상적인 자신의 필연적인 배필(천생연분)을 찾기를 바라는 간절한 마음으로 이 글을 쓰게 되었다.

난 지금까지 내가 경험으로, 실험으로, 조사나 통계를 통해서 수집한 모든 자료들을 토대로 아직 자신의 천생연분을 만나지 못한 분들에게 필연적인 배필을 만나게 해 주고 싶다.

  아직 결혼을 앞두고 있는 사람,
  현재 나와 살고 있는 배우자가 진짜 나의 필연적인 배필인지 알고 싶은 사람,
  결혼했지만 이혼을 한 번이라도 경험한 사람,
  아직 미혼인 것은 물론이고 내 짝이 어디 있는지도 모르겠다고 생각하는 사람,
  나 같은 것이 결혼이나 할 수 있을까 하고 자포자기한 마음을 가지고 있는 사람,
  자신의 배필을 찾는데 어떻게 해야 할지 잘 모르겠다는 사람,
  현재 결혼할 상대가 있기는 하지만 과연 그 상대가 나의 진정한 배필이 맞을까 고민하는 사람,
  기타 현재 연애 중인 사람,
  썸 타는 사람들 등 자신의 천생연분을 못 찾아서 고민하는 모든 분들을 위해 이 책을 집필했다.

  그러므로 꼭, 이 책을 읽고 자신의 필연적인 배필을 찾기를 바란다.

  끝으로 허접한 글 실력으로 집필하게 된 글인지라 이해하는 데는 어려움이 없도록 최선을 다했지만 그래도 부족한 표현들이 많

은 것 같아 부끄러울 뿐이다.
 넓은 아량으로 이해 부탁드리며 자신의 필연적인 배필을 만나는 보람 있고 행복한 시간이 되기를 간절히 소망한다.

· 목차 ·

초대의 글 ··· 5

PART 1
나의 짝(필연적인 배필) ··· 13
1) 들어가는 말 ··· 14
2) 내 짝(필연적인 배필)을 찾을 수 있는 중요한 단서 ··· 36
3) 필연적인 배필을 만나는 때와 시기 ··· 41

PART 2
가짜 배필 간의 연쇄적 변칙결혼으로 생긴 악순환의 예 ··· 45

PART 3
서양 역사에서 정욕적 배필의 폐해들 ··· 67

PART 4
잘못된 만남의 실례(實例) ··· 73

PART 5
필연적인 배필을 만나기 위한 관문과 판별법 ··· 83

PART 6
**올바른 기본마음 자세를 가지려는
패러다임 전환을 위한 훈련** ··· 97

1) 인간의 상하 구조 ··· 101
2) 이혼 예측 연구 ··· 107
3) 올바른 기본마음 자세를 가지려는
   패러다임 전환을 위한 훈련(말=언어) ··· 113
4) 정식적인 부부 간의 성행위 ··· 116

PART 7
필연적 배필을 위한 유전적 측면에서의 기질 ··· 125

PART 8
필연적 배필을 위한 기질적인 흐름 ··· 135

1) 기질의 흐름 ··· 136

2) 정욕이 축복이 되는 방법 ··· 140

3) 올바른 기본마음 자세를 가지려는 패러다임
   전환을 위한 최종 훈련(참된 용서) ··· 143

PART 9
필연적 배필을 위한 심리적 측면에서의 기질 ··· 151

1) 다혈질 ··· 159

2) 담즙질 ··· 167

3) 우울질 ··· 176

4) 점액질 ··· 188

PART 10
필연적인 배필의 만남에서 기질들의 적용 ··· 199

PART 11
나의 영원한 반려자, 필연적인 배필 ··· 219

1) 기질들의 자기 컨트롤 비밀 ··· 220

2) 필연적인 배필 되기(공감하기) ··· 234

3) 맺는 말(필연적인 배필처럼 살아가기) ··· 239

필연적 배필 실제 예시 ··· 242

· PART I ·

나의 짝
(필연적인 배필)

I) 들어가는 말

난, 지금까지 살아오면서 평생 내 모든 것을 바쳐 사랑하고 함께할 짝을 찾기 위해서 수많은 남녀 관계에서 오는 어리석고 미련하고 추악한 경험들을 해 왔다.

물론, 여기에는 당연히 성적인 경험이 포함됨을 이실직고한다.

다행이라고 하기에는 좀 뭐하지만 불행 중 다행인 것은 나의 이러한 경험 중에는 내가 이 책에 소개하는 내용을 알지 못했을 때 경험한 것들이 대부분이고 또, 과거에 올바르지 못한 가치관과 자세를 가졌을 때 경험한 것들이 대부분이다. 아마, 그러한 경험들을 노트에 적어 보라고 하면 엄청나게 많을 것이다.

난, 지금부터 그것을 글로 남기면서 그동안 내가 살아온 그리고 짝을 찾기 위해 경험한 모든 것을 지면이 허락하는 한, 이 책에 실어 보려고 한다.

무인도에서 한 달 정도 혼자서 살아 본 사람들이 공통적으로 느끼는 것이 바로 사람은 혼자서는 절대로 살아갈 수가 없다는 것이다.

그래서 어느 유명한 철학자는 **[인간은 사회적 동물]**이라고 말하기도 한 것 같다.

그렇다.

인간은 그 누구도 혼자서는 살아갈 수가 없는 존재이다. 물론, 숙식을 혼자서 하는 사람들도 결혼하지 않고 혼자서 생활한다는 것뿐이지 그 사람 역시 분명, 많은 사람과 접촉하면서 대화하고 살아갈 수밖에 없을 것이다.

아마, 이 지구상에 단, 한 사람만 존재한다면 참으로 고독하고 비참한 삶이 되지 않을까 싶다. 그래서 사람은 더불어 살고 사람과 사람들은 서로 교제하면서 살아가는 것이 아름다운 것이다.

이처럼 분명히 사람은 혼자서는 살아갈 수가 없는 것이 맞지만 어떨 때는 사람들이 귀찮고 성가시고 짜증나게 하면 오히려, 혼자 있고 싶거나 혼자서 사는 것이 편하게 느껴지기도 한다.

그러나 이런 사람들도 그 순간은 혼자가 좋은 것 같지만 시간이 지나고 나면 역시, 혼자서는 살 수가 없다는 걸 잘 안다. 그래서 세상에서의 삶은 혼자서 살아가는 것이 아니라 사람들이 사는 동네에서, 마을에서, 도시에서 집을 짓거나 얻어서 자기 집에서 혼자 생활하면서 사는 것이지 사실은 사람들이 모여 사는 곳에 함께 사는 것이다.

 아무리 사소한 일에도 인간 대 인간의 협력은 필요하다. 즉, 사람은 더불어 살아가도록 되어 있다.
 만약, 사람이 사람을 짜증나게 하고 성가시게 하고 서로가 싫어하고 심하면 다투고 싸우고 크게는 무리와 무리끼리 더 크게는 나라와 나라끼리 또 다르게는 이념과 이념끼리 전쟁을 벌인다면 문제는 심각해질 것이다.
 그래서 그러한 것을 방지하기 위해서 더불어 살아가는 사회에는 기본적으로 **[조화와 균형]**이 필요하다.

 보편적으로 보면 남자는 전체적인 **[완전성, 적극성, 양성적인 행동성, 통솔적인 잔인성]**, 기타 외부로 발산되는 여러 성격의 기질이나 성향이 두드러지고,
 여자는 **[내성적인 사고력, 음성적인 행동성, 소극적인 결단력, 전체보다는 부분적인 섬세성, 부드러움, 동반하려는 유연성, 강한 모성]**, 기타 내성적인 생각을 통해서 이루어지는 여러 성격의 기질이나 성향이 두드러지는 차이가 있다.

 흔히, 이것을 간단히 줄여서 남자는 양성, 여자는 음성, 남자는 +, 여자는 -, 동양에서는 이것을 남자는 양기가 강하고 여자는 음기가 강하다는 말로 표현한다.

또는, 남자는 돌출된 성기를 형상화하여 볼록(ᑎ)으로, 여자는 오목(ᑌ)으로 상징적으로 표현하기도 한다.

그래서 음양이 조화를 이루어야 한다는 뜻으로 볼록과 오목이 조화와 균형을 이루어 하나로 합치될 때 완전한 하나가 된다는 의미에서 조화와 균형이 필연적 배필을 찾는 데 가장 주된 핵심이기도 하다.

다만 오목, 볼록이라도 자기 크기에 맞아야 짝이 된다.

오목의 입구는 작은데 볼록 부분이 너무 크거나 볼록 부분이 적은데 오목의 입구가 너무 크다면 서로 맞지 않기 때문이다.

즉, 나사가 제 짝이 맞아야 하듯이 중요한 것은 서로에게 잘 맞는 **[짝]**을 만나는 게 무엇보다도 중요하다는 말이다.

잘 맞는 **[짝]**의 만남이 되려면 남**[성(性)]**, 여**[성(性)]**이 한 쌍이 되어 조화롭고 균형 있는 가정을 이루어야 하는데 가정을 이루려면 가정을 이루는 기초가 되는 **[남과 여]**가 서로 짝이 되어 부부의 인연을 맺어야 한다.

그러려면 한 남자와 한 여자의 만남이 정상적으로 이루어져야 한다.

이렇게 **[부부로서 짝]**을 우리는 흔히, **[배필]**이라고 한다.

[배필]이 만나서 가정을 이루기 위해서는 또 하나의 관문이 있는데 그것이 바로 [결혼]이다.

[결혼]이란, 남녀가 정상적인 가정을 이루기 위해 정식으로 부부 관계를 맺는 걸 말한다.

남녀가 만나 가정을 이루기 위해 [결혼하는 이유]는 두 사람의 만남이 사회 통념상 그들이 알고 있는 주위 사람들도 그들의 만남을 용인하고 인정해 주고 더불어 부부로서 그들의 결혼을 축복해 준다는 의미가 있다.

그래서 [결혼(結婚)]이라는 단어를 사전에서 찾아보면 **남자와 여자가 '정식으로' 부부 관계를 맺는 것**이라고 명확하게 정의하고 있는 것을 볼 수 있다.

여기서 중요한 단어는 [정식으로]라는 단어이다.

다시 말해서 결혼은 남녀가 변칙적으로 또는, 불법적으로 남들 몰래 부부가 되는 것이 아니라 일반적으로 모두가 인정하고 이해하는 수준에서 [정식으로] 부부가 된다는 데에 그 중요한 의미가 있다.

[부부가 되는 것]은 길에 걸어가는 잘 알지도 못하는 아무 남녀가 만나서 짝이 되어 배필이 되거나 오늘 만나 하룻밤 뜨겁게 [성

관계]를 가졌다고 부부가 되는 것이 아니라 반드시 서로 만나 [정식으로] 짝이 되어야만 비록, 결혼식을 올리지 못했더라도 그것이 사회적인 도의에 어긋나지 않는 [정상적이고 올바른 만남]이 되는 것이다.

이것이 일반적으로 사회 통념상 상식처럼 받아들여지고 있는 [올바른 부부의 만남]이다.

이러한 짝을 [정상적인 배필 또는, 필연적인 배필]이라고 말한다.
세상적인 용어로는 이것을 [천생배필(天生配匹) 또는, 천생연분(天生緣分)]이라고 말하기도 한다.
그러나 나는 천생배필 또는, 천생연분이라 용어보다 [필연적인 배필]이라는 용어가 하늘이 두 사람을 필연적으로 맺어 주었다는 의미가 담겨 있기 때문에 **자연의 순리법칙**에 합당한 용어로 보인다.

왜냐면? [필연]이란 뜻이
하늘이 정해 놓은 자연의 순리법칙대로라면
'**반드시 그렇게 될 수밖에 없다!**'는 뜻이다.
따라서 [필연적인 배필] 역시,
반드시 배필이 될 수밖에 없다는 뜻인데
인간 자신의 개인적인 욕심 때문에

반드시 배필이 될 수밖에 없는 관계를
스스로 파괴해 버린 것이다.

이렇게 볼 때
인간은 어찌 보면,
가장 똑똑하고 지혜로운 고등동물이라고는 하지만
가장 어리석고 미련한 존재인지도 모르겠다.

참고로,
이러한 필연적인 배필에 대해 잘 표현한 영화가 있는데
그 영화가 2011년 작품, 맷 데이먼 주연의 **[컨트롤러]**이다.
이 책을 다 읽은 후,
이 영화를 꼭 감상해 보시기를 강력히 추천하고 싶다.

따라서 이 시간 이후부터 남과 여가 서로 만나서 정식으로 짝이 되어 결혼하게 되는 사이를 **필연적인 배필**이라는 용어로 통일하여 부르기로 하겠다.

여기서 잠깐!

필연적인 배필에 대해서 알기 전에 잠시 화제를 돌려 **[고(Go), 스톱의 포인트(Stop Point)]**에 대해 알아보자.

혹자는 뜬금없이 뭔 **[고, 스톱의 포인트]**냐고 말할지도 모르겠지만 고, 스톱의 포인트라는 말은 필연적인 배필의 찾는 비결을 설명하는 데 중요한 키포인트가 되기 때문이다.

[고, 스톱의 포인트]란 고 포인트와 스톱 포인트를 합친 말인데 우선 고 포인트부터 보자.

고 포인트란, 와튼 스쿨의 **[마이클 유심(Michael Useem) 교수]**가 2010년에 출간한 책에 나오는 용어이다.

한국어로는 안진환 님이 2010년 9월에 번역해서 한국경제신문에서 발행했던 책이다.

이 책에서 말하는 고 포인트란?

중대한 것을 결정해야 하는 순간에 **예스(Yes)** 또는 **노(No)**의 선택이 이루어지는 바로, 그 찰나에 **예스(Yes)**를 적절히 잘 택하는 것을 말한다.

한마디로, 'Go~!' 할 찰나를 잘 아는 것을 말하는 것이다.

다시 말해서 생각이 행동으로 이동하는 바로 그때 중립적인 태도를 버리고 어느 쪽인지 결정해야 하는 시간에 'Go~!'를 적재적소에 잘 추진해 나가는 것을 말하는데,

이 책은 우리가 이러한 고 포인트의 상황에 직면했을 때 사용할 수 있는 결단의 기술과 실행 방법을 소개해 주고 있다.

저자는 개인이나 기업, 조직이나 국가에 이르기까지 거듭 나타

나는 고 포인트의 현명한 결정방식을 관찰한 그 결과를 이 책에 담아 놓았는데,

난 이러한 고 포인트를 보면서 **[스톱 포인트(Stop Point)]**도 생각해 봤다.

왜냐면 고 포인트에 능하면 나아갈 때를 재빠르게 알 것이고 스톱 포인트에 능하면 멈출 때와 물러설 때를 적재적소에 잘 알 것이 분명하기 때문이다.

아무리 잘 달리는 벤츠 차라도 브레이크 장치가 작동하지 않는다면 그 차는 결국, 달리는 흉기에 불과하다.

따라서 **[고 포인트(Go Point=나아가야 할 시점)]** 못지않게 **[스톱 포인트(Stop Point=멈추고, 물러서야 할 시점)]**도 중요하다.

이것을 부부 관계에 적용해 보자.

부부가 부부싸움을 할 때 말을 참지 못하고 막 해 버리면 상대 배우자에게 마음에 심한 상처를 주게 된다.

[부부 관계 치유법]에 보면 부부의 문제는 **[성격 차이 문제]**가 아니라 **[관계의 문제]**라고 지적하고 있다.

부부 관계가 치명적인 손상을 받는 이유는 바로 고/스톱 포인트의 순간을 잘 모르고 지나치기 때문이다.

근데 부부 관계에 고/스톱 포인트가 있는 것을 아는 사람은 그렇게 많지 않다.

아무리 부부가 한 몸이라고 하지만 부부 간에도 해야 할 말이 있고 해서는 안 될 말이 있는데 이것이 부부 사이에 필요한 고/스톱 포인트인 것이다.

인류 역사를 보면 인간이 고/스톱 포인트를 제대로 지키지 못해서 일어난 **[대사건들]**이 적지 않다.

그러면 이제 이것을 필연적인 배필에 적용해 보자.

인간은 누구나 할 것 없이 자기에게 맞는 고유의 필연적인 배필이 다 있게 마련이다.

마치, 성경에 등장하는 아담과 이브처럼 **[자기 살에 맞는 자기 뼈]**가 다 있다는 말이다.

다만, 이러한 필연적인 배필들이 결혼을 위해 정식적으로 만나는 시기는 각각 다를 수 있다.

어떤 사람은 이미, 어린 시절부터 만날 수도 있고
어떤 사람은 고등학교 때일 수도 있고
어떤 사람은 성인이 다 되어 결혼적령기에 만날 수도 있다.
그래서 이들이 이렇게 필연적인 배필로 제대로 만나게 되면 행복하게 잘 살게 조물주는 설계를 해 놓은 것으로 보인다.

그런데 불행하게도 이 땅에 인간들은 정욕과 탐욕에 눈이 멀어 이것을 알 수 있는 능력이 심하게 손상이 되어 버렸기 때문에 자신의 필연적인 배필을 제대로 알아보지 못한다.

사람이 이 땅을 살아가는 동안 자신의 진짜 필연적인 배필을 만나는 경우가 통계적으로 참으로 드문 것으로 밝혀졌다.

그 요인으로는 여러 가지가 있겠지만 가장 큰 요인을 한 가지만 소개하면 이렇다.

만약에 필연적인 배필 남녀 둘 중 어느 한 사람이 필연적인 배필을 만나기 전에
  자칫, 허랑방탕해 버린다든가
  또는, 성적으로 타락해 버려 필연적인 배필을 만나기도 전에 엉뚱한 다른 짝과 순간적인 충동을 이기지 못하고 **[정욕적인 사랑]**에 빠진다거나
  어떤 이유에서든 **[결혼]**을 해 버리거나
  [불륜]을 저질러 버리면 진짜로 자기가 만나야 하는 필연적인 배필을 만나지 못하게 되는 것은 물론이고,
  엉뚱한 다른 짝과 만남이 이루어지게 된다는 것이다.

물론 여기에는 소개나 중매로 인한 만남도 포함된다.

왜냐면 소개나 중매는 다른 사람들의 힘을 빌려 자신이 결혼하려는 것으로서 [인륜지대사]인 결혼을 다른 사람들의 손에 맡긴다는 것 자체가 이미, 실수를 범하는 것이기 때문이다.

이것은 누구에게나 공통적으로 적용되는 조물주가 정해 놓은 **[자연의 순리법칙]**이다.

그래서 자신의 필연적인 배필을 만나기 전에 위와 같은 일들을 저지르게 되면 그 순간부터 필연적인 배필과의 만남에서 이루어져야 할 모든 일과 계획과 관계의 연결고리들이 뒤틀어져 버리게 된다.

쉽게 말하면,
엉뚱하게 만난 다른 짝과 새로운 연결고리가 복잡하게 얽혀 버리게 된다는 것이다.
왜냐면 그러한 만남은 본래 조물주가 필연적인 배필을 만날 때 전개되도록 계획해 놓은 만남이 아니기 때문이다.

그 예를 한번 들어 보겠다.

어떤 한 남자가 [A]라는 하늘이 짝지어 놓은 필연적인 배필과 만나 결혼을 하게 되면 명성 있는 사업가나 대학교수로서 생의 길을 가게 되어 있다고 하자.

그런데 이것을 꿈에도 알지 못하고 있던 그 남자가 자신의 필연적인 배필이 아닌 다른 [B]라는 여인과 순간, 정욕적으로 그때는 왜 그랬는지 모르겠지만
  아무튼 좋아서
  아니면 집안 보고,
  가문보고,
  돈 보고,
  부모가 원해서 등등
어떤 이유에서든 간에 그렇게 결혼을 했거나 동거생활을 시작하거나 남녀 간의 넘지 말아야 할 선 즉, [성적인 관계]를 가졌다면,

그것은 앞으로 자신이 만나게 될 자신의 필연적인 배필에 대한 심각한 배신행위인 것은 물론,
  위해(危害)를 가하는 것인 동시에 자신에게 보장되어 있던 미래인 명성 있는 사업가나 대학교수로서 생의 길이 뒤틀리게 된다는 것이다.

즉, 사업가로서 길을 잘 가다가 갑자기 망한다든가,
그래서 인생을 실패한 사람처럼 살게 된다든가,

대학교수의 길을 갈 수 없게 중도에 학업을 포기한다든가,
아예 사업가나 대학교수로서의 길을 가지 못하는 어떤 일에 휘말리거나 아니면,
사업가나 대학교수로서의 길을 갔더라도 중도에 그만두게 되는,

그야말로 본래 필연적인 배필을 만났더라면 자신이 살아가게 될 자신의 삶의 진로가 완전히 다르게 **[뒤틀어져 버리는 방향의 삶]**으로 진행되어 살아가게 된다는 말이다.

이것은 여기서 끝나는 것이 아니라 연쇄작용을 일으켜 자신은 물론이고 자신의 필연적인 배필의 삶마저도 뒤틀리게 만드는 결과를 가져오게 되는 부작용을 초래한다.

이러한 것은 마치, 무슨 드라마나 영화에서나 나올 법한 내용이지만 이건 참으로 실제라는 것이 통계적으로 밝혀졌다.

여기서 더 나아가 만약에 필연적인 배필이 아닌 [B]라는 여인과의 사이에서 자녀까지 출생하게 된다면 이제 그 남자의 인생은 자칫, 필연적인 배필과의 만남마저도 불가능할 수도 있다.
물론 전혀 불가능하지는 않겠지만 다시 바로 잡으려면 많은 수고와 노고와 인내가 요구되는 것은 물론이거니와 중요한 것은 **[올바른 기본마음 자세에 대한 패러다임의 전환]**이 반드시 요구된다

는 것이다.

※ 참고

> **[패러다임]**이란 어떤 한 시대 사람들의 견해나 사고를 근본적으로 규정하고 있는 테두리로서의 인식의 체계 또는, 사물에 대한 이론적인 틀이나 체계를 말한다.
> 그러나 **[기존의 패러다임]**으로 당면한 문제를 해결할 수 없을 때, 다른 이론이나 사상 따위를 찾아 **[새로운 패러다임]**을 모색하는 일을 **[패러다임 전환]**이라 하는데,
> 쉽게 말해서 자신의 행동, 사고, 태도, 자세를 완전히 새롭게 바꾸는 것을 말한다.

무슨 말이냐면 **[올바른 기본마음 자세에 대한 패러다임의 전환]**이 없다면 내가 나의 필연적인 배필을 만나 살게 될 그 삶이 완전히 사라지고 다른 삶을 살게 되는 것은 물론이거니와 그 피해는 내 인생 전반에서 그대로 영향을 직접적으로 미치게 된다는 것이다.

잔인한 말 같지만 이 법칙은
내가 먼저, 그러한 일을 벌였든
내 필연적인 배필이 먼저, 그러한 일을 벌였든
뒤틀리게 되는 삶은 양쪽 모두에게 적용된다.
다만, 차이점은 남자가 필연적인 배필이 아닌 여자를 만날 때와 여자가 필연적인 배필이 아닌 남자를 만날 때 방향의 차이는

있다.

　왜냐면 여자는 남자와 결혼하는 순간, 그 남편의 삶에 자신의 삶이 묻히게 되어 버리는 경우가 많기 때문이다.

　이 말은 여자는 자신이 원하는 일을 하지 못하게 된다는 말은 아니다.

　보통, 전통적인 가부장적인 가정은 독립적으로 한 가정을 꾸려 가는 과정에서 아내보다 남편이 중심이 되기 때문이다.

　물론, 이것 역시도 다 그런 게 아니고 보편적으로 그렇다는 것이다.

　즉, 오늘날처럼 가부장적이지 않다면 질적으로, 양적으로 큰 방향 차이가 있을 수도 있다.

　적지 않은 사람들이 이러한 필연적인 배필에 대한 진리를 전혀 깨닫지도 못하고 그냥 저 혼자서 자기 배필을 잘못 만났다느니, 결혼을 잘못했다느니 하면서 방황하다가 세상을 하직하는 사람들도 있고,

　어떤 사람은 이것을 늦게 깨닫기는 했지만 결국은 필연적인 배필을 만나지 못해 쓸쓸한 노후를 보내기도 한다.

　다만, 그중 극히 일부만 이것을 제대로 깨닫고 과거에 자신이 정욕적으로, 순간적인 욕정으로

또는, 지나치게 성적인 욕구나 술에 빠져 잘못 살았던 삶, 기타 성폭력을 당해 어쩔 수 없는 상황의 삶을 살게 된 것을 각성하고, **올바른 기본마음 자세에 대한 패러다임의 전환**을 이루어 자신의 필연적인 배필을 만나 남은 생활을 아름답게 살기도 하지만 실제로 그럴 확률은 소수에 불과하다.

가장, 최선은 처음부터 실수하지 않는 것이 좋지만
인간의 본성상 그것이 불가능하다는 것이 문제다.

이미, 엉뚱한 사람과 짝이 되어 버린 후에 시간이 많이 흐른 다음에 자신의 필연적인 배필을 만나는 사람들에게는 그에 따른 후유증 즉, 많은 부작용과 문제점이 뒤따르기 때문에 차라리 안 만나는 것이 더 나을 뻔할 정도로 이미 시기가 늦어 버린 경우가 적지 않다.

그래서 자신의 필연적인 배필인 줄 알면서 어쩔 수 없이 포기하는 사람이 있는가 하면 아니면 필연적인 배필을 만나는 순간 지금까지 엉뚱한 배필과 만나 애써 이루어 놓은 가정과 모든 것들을 파탄 내어 버리고 목숨을 걸고 새롭게 시작하는 사람들도 있기는 하다.

다만, 이러려면 엄청난 **영적, 육적, 지적, 도덕적인 에너지와 용기**

가 절대적으로 필요하다는 것을 기억하라.

　이런 사람들은 비록 늦게라도 필연적인 배필을 만났다면 이미, 한번 뒤틀어져 버린 자신의 인생을 되돌릴 수는 없기 때문에 지금까지 자신으로 인해 발생하는 **[뒤틀어진 많은 부작용과 문제점]** 만큼은 고스란히 자신의 책임으로 알고 정확히 말해서 자신의 필연적인 배필과 함께 앉고 가야 한다는 것도 잊지 말아야 한다.

　아마, 그동안 뒤엉켜 버린 과거, 자신의 인생의 많은 부분에 대수술이 필요할지도 모른다.
　즉, 인생의 험난한 가시밭길이 기다리고 있을 수도 있고 그렇지 않을 수도 있다.

　이것은 필연적인 배필을 만나는 것과는 별도로 자신이 저질러 놓은 일들이기 때문에 자신과 함께 필연적인 배필이 함께 수습해 나가야 하는 것이다.
　왜냐면 사람은 무엇이든지 심은 대로 거두게 되어 있기 때문이다.

　이상으로 지금까지 말한 내용들은
　결혼할 사람이든 독신자든 상관없이
　인간이라면 누구에게나 동일하게 적용되는 조물주가 만들어 놓은 **자연의 순리법칙**이라는 것을 깊이 기억해 주기 바란다.

다만, 차이점은 양적·질적 차이가 있을 뿐이지만
이것에 대해서는 이 책의 말미에서 설명하기도 하겠다.
아마, 벌써 여기까지만 읽고서도 자신의 살아온 지금까지의 삶을 되돌아보고 수긍이 가는 사람들도 있을 것으로 안다.

꼭 유념할 필요가 있는 것은 필연적인 배필은 자신과 한 몸이나 마찬가지이기 때문에 책임과 의무도 함께 짊어져야 한다는 것이다.

다시 말해서 해가 뜨면 해가 지고 배가 고프면 밥을 먹어야 하고 갈증이 나면 물을 마셔야 하는 **자연의 순리법칙**을 무시하고 자신의 자유의지대로, 자기 정욕대로, 일을 저질러 버린 것으로 인해 오는 부작용이기 때문에 옛 속담처럼 **'자기가 뿌린 씨앗은 자기가 거두어야'** 하는 것이 순리다.

이것은 이 세상이 만들어질 때부터 존재하는 자연의 순리법칙이며 지극히 현실적인 것이다.

그러면 이렇게 말하는 사람이 있을 것이다.
"아니, 내가 필연적인 배필에 대해서 알았다면

그런 실수를 안 했지~ 몰라서니까 그런 거지~"

근데,
이런 변명은 자연의 순리법칙 앞에서는 통하지 않는다.
생각해 보라.
"아니~ 내가 비가 올 줄 알았다면
우산을 가지고 외출했지, 그냥 외출했겠어?" 라고
말한다고 오는 비가 멈추어 주던가?

또, **"난, 어쩔 수 없이 성폭행을 당해서 그랬다!"**
이것 역시 그때의 상황과 처지는 이해가 가고
동정이 가지만 자연의 순리법칙 앞에서는 통하지 않는다.
그래서 오고 가는 인류 역사에는
억울한 사연과 수많은 혼돈과 뒤틀림이 존재하는 것이다.

한마디로 인류의 역사는 **삶의 뒤틀림과 끊임없는 꼬임**에서 오는 미스터리의 흑역사이다.

그러면 이러한 일들은 왜 일어나는지에 대해 살펴보자.

첫째는 [인간의 교만]이 문제이고,
둘째는 [인내심 부족]이 그 원인이다.

좀 참고 인내하고 기다려 자신의 필연적인 배필을 만나면 될 것인데 그것을 인내하지 못하고 앞에서 말한 **고와 스톱의 포인트**를 무시한, 엄청나게 무섭고 힘들고 불행한 결과라고 할 수 있다.

사실, 배필이란 다름이 아닌 서로가 서로를 진정으로 사랑하면서 도와주고 서로가 서로의 부족한 부분이나 필요한 부분들을 채워 줘 가면서 살아가는 짝이라는 의미 아니겠는가?
이 말을 조금 수준 있게 표현하자면 영적, 육적, 지적, 도덕적인 모든 부분에서의 [협력자]라는 말이다.

그런데 돕는 배필로서 역할을 자신의 욕망 때문에 망각함으로써 자신은 물론이고 자신의 배필에게까지 돌이킬 수 없는 엄청난 상처를 준다면 그 결과는 한 가정의 입장에서 볼 때 그 가정의 후손 대대로 불안전한 가정이라는 늪에서 허덕이게 만드는 엄청난 결과를 초래하게 되는 것이다.

부부는 서로에게 돕는 배필이 되어야 균형 있고 아름다운 진정한 필연적인 배필이 된다는 것이 **자연의 순리법칙**이다.
아무리 필연적인 배필이라고 하더라도 돕는 배필의 역할을 제대로 하지 못한다면 그 결과는 참으로 자신은 물론 자신의 배필과 후손에게까지 좋지 않은 영향력을 미치게 된다.

이것을 좀 더 오늘날 현대적으로 적용하면
남편은 아내에게, 아내는 남편에게 서로 서로가
영적, 육적, 지적, 도덕적인 모든 부분에서의
[협력자]가 되어야 한다는 의미이기도 하다.

근데, 여기에 문제가 있다.

오늘날과 같이 수많은 남녀가 뒤엉켜 살아가는 시대에는 누가 나의 필연적인 배필인지 어떻게 알 수 있는가?
필연적인 배필을 찾는 단서는 있는가?

그것을 지금부터 살펴보고자 한다.

2) 내 짝(필연적인 배필)을 찾을 수 있는 중요한 단서

[나의 필연적인 배필을 찾을 수 있는 중요한 단서]는 일반적으로 성인이 되어 결혼적령기에 자신의 필연적인 배필을 찾을 때 자신이 가지고 있는 내면의 기질 중에 일부와 똑같아야 한다는 것이 가장 중요한 단서이다.

즉, **[기질이 나와 닮아야 한다]**는 것이 중요한 단서라는 말이다.

더 자세히 말해서 여자의 기질 전체를 그 필연적인 배필인 남자도 그대로 나타내고 있어야 한다는 말이다.

다만, 누구든지(**남자든, 여자든**) 자신의 필연적인 배필을 만나 결혼을 할 때까지는 자신의 순결을 잘 보전해야 한다는 것이 중요하다.

그리고 자신의 필연적인 배필이 자신과 기질이 똑같다는 말은 자신과 **[성격, 성향, 취향, 취미, 관점, 사고, 행동패턴 및 생활패턴]**까지 모든 면에서 똑같이 **[복사판]**이라는 말이다.

즉, 모든 부분에서 닮는다는 말이다.

한마디로 자신의 신체 일부분이라고 해도 틀린 말은 아닐 것이다.

이렇게 자신의 신체 일부분이기 때문에 자신의 필연적인 배필이 아파하면 자신도 아프고, 자신의 필연적인 배필이 힘들어하면 자신도 힘들고, 자신의 필연적인 배필이 행복해하면 자신도 마냥 기쁘고 행복하게 되어 있다.
그래서 옛말에 **[천생연분]**의 부부는 닮는다는 말이 있는 것이다.
이 말은 지극히 과학적이다.

근데 부부는 서로 성격이 정반대끼리 잘 맞는다는 말이 있다.
이 말은 과학적으로나 심리학적으로도 잘못되었고
통계적으로도 틀린 말인 것이 분명하게 밝혀졌다.

사실, 성격이 서로 정반대이다 보면
처음에는 자신이 잘 나타내지 못하는 성격 기질이다 보니 매력적으로 느껴지고 호기심에 끌리기도 한다.
그러나 그것은 결코 잘 맞아서 그런 것이 아니다.
오히려, 세월이 흐르면 서로가 잘 맞지 않는 부분 때문에 의견 충돌이 생기게 되고 그것이 다투게 되는 빌미가 되어 심하면 싸움의 원인이 되기도 한다.

이러한 일이 지나치다 보면 결국 갈라서게 되는 것이다.

오늘날 현대적인 의미로 또 다르게 해석하자면
필연적인 배필은 아무리 멀리 떨어져 있거나
아무리 나이가 많이 들어서 만나더라도
서로가 전혀 모르는 사이이지만
옆에서 스쳐 지나가거나 아니면
어느 장소에서 마주 앉아서 바라보고 있다고 하더라도
느낌으로 서로 끌리게 되어 있다.

이것은 **[정욕적인 끌림]**과는 완전히 다르다.
특히, 남자는 자신의 필연적인 배필이 자기가 가지고 있는 내면의 기질 중 일부와 똑같기 때문에 한눈에 알아볼 수 있다는 의학적인 소견도 있다.

반대로 여자들은 작은 충격에도 잘 놀라고 신체적으로도 남자보다 유약하고 심리적으로도 정신적으로도 조그마한 일에도 상처를 잘 받는다.

여자가 자신의 필연적인 배필을 만나면
자신은 알지 못하지만
뭔가 자신이 그 남자의 일부인 것 같은 느낌을 받게 된다.

그리고 존경심이 생기면서 마음이 편안해지고 뭔가 모르지만 **끌리면서(이건, 호감이나 호기심과는 다름)** 옆에 없으면 보고 싶고, 막상 옆에 있으면 무슨 말을 해야 할지를 모르겠지만 그래도 대화가 하고 싶어지고, 이 남자와 함께 있으면 계산적이고 이해 타산적인 생각이 들지 않고 부담감이 전혀 생기지 않게 된다.

그러나 그냥 있어도 그만, 없으면 없는 대로 사람이 착하고 어질고 인간성만 좋으면 서로 의지하고 살면 된다는 식이라면 그것은 필연적인 배필 찾는 것이 아니라 그냥 교제 상대를 찾는 것에 불과하다.

그런 생각을 바꾸지 않는다면 필연적인 배필을 눈앞에 두고도 놓칠 수가 있다.

결론적으로 '인간은 독신이 아닌 이상,
이 땅에 태어날 때 반드시
[필연적인 배필]을 예비 받아 태어난다!'는 것이다.

여기서 한 가지 주의할 것은,
오늘날은 간음을 큰 죄로 여기지 않지만
전통적으로는 **[이유 없이]** 자신의 필연적인 배필을 버리고 다른 데 장가들거나 시집을 가면 이유 여하를 막론하고 그것은 **[간음죄]**에 해당한다.

물론 이것은 현실적인 법의 적용 여부를 떠나서 필연적인 배필이 아니더라도 세상 모든 부부에게 다 적용된다.

이 문제는 뒤에서 다시 다루어 보겠다.

3) 필연적인 배필을 만나는 때와 시기

중요한 것은 필연적인 배필을 언제, 어떻게 만나느냐는 것이다.

그 [때와 시기]에 대해서 알아보자.

어떤 사람은
자신의 필연적인 배필을 어린 시절 이미 만나기도 하고,
아니면 적당한 때에 만나기도 하고,
그렇지 않고 나이가 많이 들어서 만나기도 한다.

그 때와 시기는 [자연의 순리법칙대로]이다.

중요한 것은 앞에서도 말했지만
내 행위의 잘못으로 필연적인 배필과
결혼을 하지 못하는 경우가 적지 않다.
 이 경우에도 살아가면서 스쳐 지나가듯 만나더라도 반드시 단, 한 번은 나의 필연적인 배필과 만나게 되어 있다.

그때는 느낌으로라도 희미하게나마 알게 된다.
이때, 두 번 다시 놓치지 않고 붙잡기 위해서 이렇게 필연적인 배필에 대해서 살펴보는 것이다.

문제는 이런 것에 대해 불평, 불만해서는 안 되고 나의 필연적인 배필을 만날 때까지 각자 해야 할 일들이 있다.

그게 무엇일까?
그렇다.
그때까지는 정욕과 탐심을 따라
경거망동하지 말고 음란하지 말아야 한다.

만에 하나 내가 나에게 예비된 필연적인 배필을 만나기 전에 경거망동하여 내 맘대로 정욕적으로 배필을 만나려고 하거나 정해 버린다면 돌이킬 수가 없는 큰 실수를 범하게 될 수 있다.

혹, 한 번 실수를 한 경험이 있다면
이제 두 번 다시는 해서는 안 될 것이다.

이게 무슨 말이냐면,
사실 앞에서도 말했지만 자신의 짝을 기분에 따라
정욕적으로 만나거나 정해 버리는 경우가 적지 않다.

이렇게 만나서 가정을 이루거나
결혼을 하는 것을 필연적인 배필이라고 말하지 않고
정욕적인 배필, 자기 욕심을 위한 배필, 계산적인 배필이라고 말한다.

이것이 **자기중심적인 정욕적 배필**이다.

이런 사람은 이미 있는 자기 남편이나 아내가 싫증이 나면 자기 임의로 다시 다른 짝을 찾아 헤맨다.
여기서 중요한 것은 **[자기 임의로]**이다.

필연적인 배필은 자기 임의로 정해지는 것이 아니다.
물론 여러 부인과 살아도 문제가 되지 않는 나라에서는
이것이 큰 죄가 되지는 않을지도 모른다.

그러면 왜 이러한 배필 선택이 문제가 되는 것일까?

그것은 자신이 필연적인 배필과 누려야 하는 진정한 축복을 제대로 누리지 못하고 근심하고 걱정하며 실패하고 가정에 어려움이 생기고 파탄 나고 경제적으로 물질 때문에 힘들어하는 이런 일들이 생기기 때문에 문제가 된다는 것이다.

혹 이러한 말을 믿지 못하는 사람이 있을지도 모르겠지만 자신의 필연적인 배필과 만나 백년해로하지 않으면 수명도 짧아진다.

다시 말해서 그것이 질병이 되었든, 사고가 되었든, 어떤 이유에서든 **자연의 순리법칙**이 나에게 이 땅에서 살도록 허락한 나이까지 살지 못하고 생을 마감하게 된다는 말이다.

사실, **자연의 순리법칙**은
[한 남자에게 한 여자만 배필이 되는 법칙]이다.

그런데 욕심 많은 인간들이 교만해져
자기 임의로 여러 배필을 선택해 버린 것이다.
그 결과 영적, 육적, 지적, 도덕적으로
엄청난 혼탁함이 영계를 뒤덮어 버린 것이다.

결국, 이러한 배필 선택은
[성적인 문제]와 연결되게 되고
[음란과 간음 및 음행]과 연결되어
마침내 가정 파탄으로 이어지게 된다.

성적인 음란퇴폐는 영적, 육적, 지적, 도덕적인 혼탁에서 가장 강력한 힘을 발휘한다는 걸 기억해 둘 필요가 있다.

그러면 지금부터 그 이유를 살펴보자.

· PART 2 ·

가짜 배필 간의
연쇄적 변칙결혼으로 생긴
악순환의 예

여기서는 [정욕적 배필의 폐해]에 대해서 알아보기 위해서 한 가지 예를 들어 보겠다.

자연의 순리법칙상 [甲]이라는 남자에게 [A]라는 여자가 [필연적인 배필]로 선택되어 있다고 가정(假定)을 해 보자.

그러면 이 두 사람이 배필로서 만나 짝을 이루어 결혼까지 가려면 가장 중요한 것은 그들이 언제, 어디서, 어떻게 태어났든 상관없이 [첫 만남의 시기]이다.
그리고 두 사람은 그들이 최초로 만남이 이루어질 때까지는 서로가 서로의 몸을 주장하지 못하는 것은 물론,
상대 배필을 위해서 자신의 정신과 영혼과 몸을 잘 관리해야 할 의무가 있다고 앞에서 분명히 그 이유를 설명했다.

이것은 어찌 보면 자신의 [필연적인 배필]이 될 사람에 대한 당연한 예의라고 할 수 있다.

그런데 [甲(남)]이 [A(여)]을 만나서 자신의 [필연적인 배필]인 줄 알게 되는 시기가 [甲]이 세상에 태어난 후 정확히 30년이 지난 8월 15일 저녁 8시 어느 모임에서라고 해 보자.
물론, [A]라는 여자는 연하일 수도 연상일 수도
또는, 동갑내기일 수도 있을 것이다.

그뿐만 아니라
[A]라는 여인이 같은 나라 사람일 수도 있고
외국인일 수도 있다.

그래서 지구상에 존재하는 각 개인마다 자신의 필연적인 배필을 만나게 되는 시기나 장소, 환경이 제각각 다를 수밖에 없다.

그때가 저녁일 수도 있고,
한낮일 수도,
어느 모임에서일 수도 있고,
우연히 길을 걸어가다가 만나게 될 수도 있고,
학창 시절일 수도 있고,
외국 유학 가서일 수도 있고,
같은 학교에서 공부하는 학생일 수도 있고,
가난한 환경일 수도 있고,
부유한 가정일 수도 있을 것이다.

아무튼,
[甲(남)]이 [태어난 후, 정확히 30년이 지난 8월 15일 저녁 8시 어느 모임]까지 자신의 주어진 여건에서 미래의 자신의 배필에 대한 의무를 지키고 최선을 다하면서 살았다면 바로 그날!

필연적인 배필과 만남은 자연스럽게 이루어지게 되고
서로가 서로에게 끌리면서 상대가 자신의 평생 반려자
즉, 필연적인 배필임을 직감하게 된다.

그래서 필연적인 배필은 그 최초의 만남의 때가 되면
자연의 순리 법칙에 따라 여자 쪽에서 먼저,
마치 무언가에 홀린 듯이 이끌려오게 된다.

다시 말해서
자신이 그 남자의 일부분처럼 느껴지면서
그 남자와 있으면
마치 자신의 부족한 부분이 채워지는 것 같은 느낌,
그 남자가 자신인 것 같은 느낌,
자신이 그 남자의 한 부분인 것같이
포근하고 편안하고 하나 되는 그런 느낌을 받게 된다.

남자의 경우도 마찬가지로,
역시 여자가 자신에게 이끌려오면
그 여자가 자신의 몸에 일부분처럼 느껴지고
자신과 너무나도 닮아 있음을 알게 된다.
마치, 자기 자신 같은 느낌을 받게 된다는 것이다.

이런 필연적인 배필은
그 어떠한 상황과 환경에서라도
다른 사람들에게 자신의 배우자를 드러내고
자랑하게 되어 있다.

그러나 여기서 문제가 있다.

만약에 이렇게 필연적인 배필을 만나기 전에
甲(남)이 다른 어떤 여자와
(A녀의 경우는 다른 어떤 남자와)
육체적 관계를 가졌다든가
결혼이나 동거를 해 버린다면 문제는 달라진다.

물론 남녀가 서로 사귈 수도 있고
사회생활이나 학교생활을 하다 보면
자연스럽게 남녀가 어울릴 수도 있다.
그뿐만 아니라 건전한 교제나 만남 역시도
가질 수가 있기 때문에 그런 것은 문제가 되지 않는다.

그런 일반적인 상식선에서 허용되는 교제나 만남을 말하는 것이 아니라
甲(남)이 한참 예민한 사춘기 시절인 17살에 자신의 필연적인

배필인 **[A(여)]**가 아닌 다른 **[B(여)]**라는 동갑내기 여자를 사귀게 되었는데,

　정욕적인 순간의 사랑에 빠져 버렸다든가

　아니면 나이가 훨씬 더 들어서라도 자신의 필연적인 배필이 아닌 다른 어떤 여자를 알게 되어 사랑에 빠졌다고 해 보자.

　사실 나이는 하나의 숫자에 불과하고 더 성인의 나이인 결혼적령기에 만난 경우라도 이것은 마찬가지다.

　그래서 두 사람이 감정적인 충동으로 연애를 하더니만 마침내 서로 단 1분도 떨어져서 살 수가 없다고 주변의 부모, 친척들을 설득하고 난리를 치더니만 결국 결혼해 가정을 이루었다고 하자.

　그러면 이 두 사람의 뜨거운 결혼생활이
　얼마나 갈 것 같은가?

　뭐~ 그 시기는 길 수도 있고 짧을 수도 있을 것이고
　또, 영원할 수도 그렇지 않을 수도 있겠지만
　문제는 이들은 필연적인 배필이 아니라는 것이다.
　그래서 그 결혼생활이 순탄하지도 않을뿐더러
　행복하지도 않을 것이 분명하다.

　반대로,

[甲(남)]이 아닌 필연적인 배필인 [A(여)]라는 여인이
그때가 언제인지 상관없이
자신의 필연적인 배필남인 甲을 기다리지 못하고
다른 남자와 육체관계를 가졌든가,
아니면 동거를 해 버렸다든가 결혼을 해 버렸다고 하자.

그 이유가 부모님이 원해서 했든
자신이 좋아서 했든 돈 보고 했든
집안, 학벌 또는 가문을 보고 했든
강제추행 즉, 성폭행을 당해
임신이 되어 버려 마지못해 결혼을 했든
그 어떤 이유에서든 상관이 없다.

이 경우에도 마찬가지로 두 사람의 인생은 지금 당장은 괜찮을지 모르겠지만 시간이 지나면 반드시 문제가 생기게 되고 **자연의 순리법칙**에 따라 자신들에게 예비되어 있는 생을 제대로 살지 못하게 되어 있다.

만약 여기서 한 걸음 더 나아가서 자녀까지 출생한다면 심각한 생활패턴 자체에 **[변형]**이 일어나게 된다.
　특히 그 생활패턴은 세월이 흐르면서
　많은 문제점을 낳게 된다.

정욕적인 배필의 만남은
이런 결과를 낳는 것이 일반적이다.

이것이 **[정욕적인 배필의 폐해]**다.

물론 정욕적인 배필의 만남이라고 해서
육체적인 관계만을 말하는 것은 아니다.
예를 들면,
이 남자, 이 여자와 살면
고생하지 않을 것인가 계산하는 경우도 있다.

방금 말했듯이 학벌 보고
집안 보고 지위를 본다든가 하는 것 등
이것저것 따져 보고 중매를 통해서 만나 결혼을 하든
아니면 반 중매, 반 결혼을 하든
그 무엇이 되었든
이러한 모든 만남은 정욕적인 배필의 만남에 불과하다.

이 땅에 살아가는 남녀가 이러한 만남을
너무나도 하찮게 생각해 버리는 경향이 있다.

이런 일들은 옛 고대 시절에는 수도 없이 많았다.

특히, 부모의 강제적인 혼사 성립으로 인해서
상대 배필의 얼굴도 모르고 결혼한 경우가 태반이었다.

비근한 예로 우리나라 조선 시대에는 신랑, 신부의 얼굴도 모르는 채 집안과 집안끼리 결혼을 하던 풍습이 일반적이었고 천민들은 천민들끼리만 결혼해야 했다.

그리고 지금 살펴보는 예(例)는 어디까지나 **甲(남)**과 B(여)에게 자신들의 **[필연적인 배필]**이 따로 있다는 전제하에서 현재 시점에 초점을 맞추어서 살펴보는 것이다.

그러면 지금부터 그 이유를 살펴보자.

여기서 기억하실 것은
甲(남)과 B(여)는 각각 자신들의 진짜 배필이 따로 있지만 그 사실을 꿈에도 알지 못하고 있다는 것을 기억하라.

인간 누구도 자신의 필연적인 배필이 있다는 사실을 인지하는 사람은 그렇게 많지 않다.

그냥 세상 속담으로 서로가 궁합이 잘 맞으면 천생연분이라는 말을 하기는 하지만 그것은 자신의 필연적인 배필을 알아보고 하는 말은 아니다.

설혹 필연적인 배필에 대해서 알고 있다고 하더라도

자연의 순리법칙에 따라 서로가 만나도록 정해 놓은 시간까지는 서로를 알아보지 못하는 것이 일반적이다.

아마, 이 글을 대하기 전까지는 필연적인 배필에 대해서 깊이 생각해 본 사람들은 그렇게 많지 않았을 것이다.
그냥 이 땅을 살아가다 보면
결혼적령기가 다가오면 백마 탄 기사가 나타나,
남자 같으면 아름다운 공주 같은 현모양처 여인이 나타나 결혼해서 행복한 가정을 꾸미려는 막연한 기대감을 가지고 살아가고 있는 것이 일반적이다.
물론 결혼에 대해서 상대배필에 대한 뚜렷한 설정과 계획을 세우고 살아가는 사람도 적지는 않다.

아무튼, **甲(남)**에게는 B(여)가,
B(여)에게는 **甲(남)**이
자신의 필연적인 배필은 아니라는 가정(假定)을 기억하자.
왜냐면 앞에서 분명히 **甲(남)**의 필연적인 배필은 A(여)였기 때문이다.

그래서 **甲(남)**에겐 A(여)라는 그 무엇과도 바꿀 수 없는 자기 자신의 필연적인 배필이 있다면
B(여)에게도 당연히 필연적인 배필남이 따로 있다는 말이 된다.

그 남자를 지금부터 [乙(남)]이라고 하겠다.

따라서 이유 여하를 막론하고 한 남자가 한 여자로 또는, 한 여자가 한 남자로 만족하지 못하거나 여러 번 결혼하는 것은 잘잘못을 떠나서
결국 **자연의 순리법칙**을 어기는 것이 분명하고
자신의 필연적인 배필에게도
씻을 수 없는 죄를 범하는 것은 사실이다.
그래서 이슬람교나 아랍권 기타 일부다처제국가의 사람들은 타락한 탐욕의 본성 때문에 이것을 더욱 선호하는 경향이 있다.

아무튼, **甲(남)**과 B(여)가 자신들의 욕심 때문에 필연적인 배필을 기다리지 못하고 결혼을 해 버렸다고 했을 때 물론 **甲(남)**과 B(여)는 당연히 A(여), 乙(남)이라는 자신들의 필연적인 배필이 따로 있으리라고는 상상을 못했을 것이 분명하다.

필연적인 배필이 엄연히 있는 줄 알면서
그렇게 하는 사람은 없을 것이니까 말이다.
오히려 **甲(남)**과 B(여)는 서로가 서로에게
필연적인 배필인 줄 알고 있을지도 모른다.

그러면 A(여), 乙(남)은 어떻게 될까?

먼저 **甲(남)**과 B(여)가 필연적인 배필도 아니면서 서로 사랑에 빠져 결혼을 해 버려 본래의 삶이 뒤틀려 버리면

A(여), 乙(남) 두 사람도 자연스럽게 그들의 본래 펼쳐져야 할 삶이 뒤틀려 변형되게 된다. **(이에 대해서는 앞에서 설명하였음)**

이렇게 되면 A(여), 乙(남) 두 사람도 [꿩 대신 닭]이라고 어느 날 갑자기 A(여), 乙(남) 두 사람이 만나서 결혼하게 될까?

만약, 그렇게만 된다면 변형되는 삶의 잘못은
이 네 사람에게만 영향을 미치고 끝날 수도 있을 것이다.
그러면 큰 문제가 되지 않을지도 모른다.
그런 일이 일어난다면 그것은 기적에 가까운 일일 것이다. 즉, 그렇게 되기는 극히 희박하다는 말이다.
왜냐면 **甲(남)**은 한국인이고
B(여)의 필연적인 배필인 乙(남)은 중국인일 수도,
일본인일 수도 있고,
아니면 독일인일 수도 있고,
그 나이도 연상일 수도,
연하일 수도,
심지어는 둘 중 한 사람이 먼저 사망했을 수도 있다.
그래서 A(여), 乙(남) 두 사람이 만나서 결혼하게 되는 일이 전혀 없다고는 할 수 없겠지만 극히, 희박할 수밖에 없다.

사실, A(여), 乙(남) 두 사람이 만나서 결혼할 수만 있다면 이 지구상에 남녀 관계로 인한 [영적, 육적, 지적, 도덕적인 혼탁한 일]들이 그렇게 큰 문제가 되지 않을지도 모른다.

그러면 왜 문제가 되는지 알아보자.

우선 甲(남)과 B(여)의 **자연 순리법칙**에 어긋나는 결혼으로 인해 **A(여), 乙(남)** 두 사람은 졸지에 자신들의 진짜 필연적인 배필을 잃어버리게 되었다.

한마디로 가지런하게 정리가 되어야 하는
실타래가 뒤엉켜 버린 것이다.

이렇게 되면 **甲(남)**과 B(여), A(여)와 **乙(남)**
네 사람 모두의 자신들의 **[인생의 원본설계도]**가
완전히 새롭게 뒤바뀌어 버리는 일이 발생한다.
그런데 이것을 알지 못하는 네 사람은
아무 일 없는 것처럼 그냥 그렇게 살아갈 것이다.

특히 **A(여), 乙(남)** 두 사람은 독신주의자가 아닌 이상은 그래도 여전히 나름대로 자신의 배필을 꿈꾸며 열심히 자신의 삶을 계획하면서 살아가고 있을 것이 분명하다.

그러다가 우연히
　A(여)는 **丙**이라는 남자를 만나 눈이 맞아 결혼하게 되고 乙(남) 또한, C라는 여자를 만나 결혼해 가정을 꾸리게 되었다고 해 보자.

　여기서 **甲(남)**과 B(여)의 **자연 순리법칙**에 어긋난 **변칙결혼**으로 인해서 자연스럽게 A(여), 乙(남)도 자신의 배필에 대한 모든 것들이 변칙적으로 뒤틀리게 되어 버렸다는 사실을 먼저 기억해 두기 바란다.

　근데 A(여), 乙(남)마저도 자신의 필연적인 배필이 아닌 사람과 결혼을 해 버림으로써 실타래는 더욱더 걷잡을 수 없게 뒤엉켜 버린다.
　그러나 그들은
　그러한 뒤틀림을 느끼지는 못하고 살아갈 것이다.

　결국, 그렇게 뒤틀려
　시간적, 공간적, 영적, 정신적, 도덕적, 윤리적인
　모든 것들이 뒤엉키고 혼탁해져 버린 상황에서
　쉽게 말하자면
　새롭게 변칙적으로 뒤틀려 버린 환경에서
　또다시 만난 상대가 바로,
　丙이라는 남자와 C라는 여자인 셈이다.

그러면 또, **丙**이라는 남자와 **C**라는 여자에게도
분명히 자신의 필연적인 배필이 있을 것 아니겠는가?

그들은 또, 어떻게 되겠는가?

그렇다.
그들 역시 또다시 똑같이 변칙적으로 뒤틀린 상태에서 **시간적,
공간적, 영적, 정신적, 도덕적, 윤리적**으로 모든 것들이 뒤엉키고 혼탁해져 버린 상황과 환경을 자신들은 알지 못하고 또 다른 자신의 짝을 찾아 헤매게 될 것이다.

이렇게 거미줄처럼 복잡하고 혼탁하게 얽히고설킨
[연쇄적인 가짜 배필 간의 변칙결혼들의 역사]가
기나긴 이 지구상의 역사 동안,
연속적으로 쉬지 않고 끊임없이
악순환을 거듭하면서 일어났던 것이다.

한마디로 **자연 순리법칙**을 무시하고
가짜 배필 간의 연쇄적 변칙결혼이라는
변칙적인 남녀 간의 관계들이
바로 이 지구의 땅덩어리가 생긴 이래로
오늘날 지금, 이 순간에도 타락한 인간의 역사에 뿌리 깊게 자

리를 잡고 있다는 것이 엄청나게 비극적이고도 또, 역사적 사실이며 참이다.

즉, 가짜 배필 간의 연쇄적 변칙결혼은
지구의 역사만큼이나 그 역사가 뿌리 깊다.
그러니 얼마나 깊고 복잡하고 길고 넓게 그 끝을 찾아보기 힘들 정도로 얽혀 버렸는지 상상이 가는가?
마치 너무 심하게 실타래가 뒤엉켜 버려서 도저히 인간의 힘으로는 풀 수가 없는 지경에까지 와 버린 것이다.

한마디로 기존의 것을 완전히 파괴,
즉 없애 버리고 새로운 시작을 다시 할 수밖에 없는
되돌릴 수 없는 지경까지 이르게 되어 버린 것이다.

그래서 인간의 힘으로는 도저히 어찌할 수 없는
이러한 범죄의 상황을 우리는 흔히
영적, 육적, 지적, 도덕적인 혼돈이라고 말한다.

이렇게 **자연 순리법칙**을 무시하고
자신의 필연적인 배필이 아닌 **정욕적인 배필**을 만나서
변칙적인 가정을 이루고 살아가는 인간들은
그러한 변칙적 혼탁함의 결과로 나타나는 **질투, 시기, 미움, 배신,**

분쟁, 변질, 음란, 음행, 살인, 비판, 비방 등과 같이 자신들이 제어하지 못하는 감정에 사로잡혀 살아가게 된다.

이런 변칙적인 배필들에게서는 세월이 흐르면 나타나는 현상이 있다.

이것을 다음 표에 자신의 필연적인 배필을 만났을 때 나타나는 여러 상황과 비교하여 실어 보았다.

이것은 남녀 750쌍을 상대로 설문조사한 결과를 12가지로 요약, 비교한 것이다.

그 표본 오차는 +, - 0.5로 나타났는데

다음 표의 내용과 같다.

※ 필연적인 배필과 정욕적인 배필의 결혼이 나타내는
  여러 상황의 설문조사 내용

	필연적 배필의 경우	정욕적 배필의 경우
①	한평생 신혼처럼 살아감	처음, 신혼 때 뜨거웠던 사랑의 마음이 오랫동안 계속되지 못함
②	부부싸움을 하더라도 사랑싸움일 뿐 큰 문제는 일어나지 않음	세월이 흐를수록 부부싸움이 빈번함

③	죽음이 갈라놓지 않는 한 어떤 일이 있어도 이혼하지 않음	둘 중 한 사람 또는, 두 사람 모두 다른 마음을 먹거나 이혼을 하게 됨 (어떤 사람은 여러 번 이혼, 결혼을 반복하기도 함)
④	서로가 결혼한 것을 절대로 후회하지 않음	결혼한 것을 후회하는 마음을 가짐
⑤	다른 마음을 먹지 않음 (바람피우는 일이 없음)	바람을 피우는 경우도 흔함
⑥	항상, 서로 존중해 주고 화목한 가정이 됨 (평탄한 가정)	가정이 평탄치 못함
⑦	정상적인 종교 생활함, 부부가 함께 동일한 종교를 가짐	사이비, 이단 종교에 잘 빠짐, 부부 한쪽이 무신론자일 수도 있음
⑧	부부가 동종 직업에 종사하는 경우가 많음	부부의 직업이 상이한 경우가 많음
⑨	부부 관계에 대해서 남의 눈을 의식하지 않고 한 몸처럼 살아감	남의 눈이 두려워 이혼은 하지 않지만 평생을 남남같이 살아갈 수도 있음

⑩	이러한 부부생활은 자녀들에게 좋은 영향을 미치게 되고 자녀들은 그러한 부모를 존경하게 됨	모든 상황들이 자녀에게도 악영향을 미침
⑪	부부 간에 영적, 육적, 지적, 도덕적, 가정적으로 혼탁하지 않고 경제적 어려움이 없음	부부 간은 물론, 가정도 영적으로 혼탁함
⑫	기타, 부부가 모든 것에 하나가 됨 등등	기타, 경제적으로 어려움을 겪음. 만약, 경제적으로 부족함이 없다면 건강에 문제가 생기거나 다른 여러 문제 속에 살게 됨 등등

위의 표에서 정욕적 배필의 경우는
이 중, 하나 이상의 항목이 나타나면
정욕적 배필에 해당이 되고,
필연적인 배필의 경우
표의 내용들 모두가 나타나야
필연적인 배필에 해당되는 것으로
설문조사 결과 밝혀졌다.

우리나라 옛 속담에 결혼은
[인륜지대사(人倫至大事)]라는 말이 있다.

그만큼 남녀가 태어나서 서로 다른 환경과 여건에서 20년 이상 살다가 만나 함께 평생을 살아간다는 건 모험이 아닐 수가 없다.
그래서 평생을 한마음이 되어 살아가기 위해서는 자신과 잘 맞는 자신의 필연적인 배필을 만나는 것은 참으로 중요하다.

지금 자신의 옆에 있는 짝이 만약에 필연적인 배필이라면 표의 12가지 내용이 모두 나타나고 있을 것이 분명하다.
만약, 그렇지 않다면 그것은 잘못된 표본 조사결과라고 할 수 있다.

보통 보면 지도자들이 죄를 짓고서 자신의 영적, 육적, 지적, 도덕적인 지위를 잃어버리게 될 때,
그 자녀들이 **마약 복용, 음주, 흡연, 음란, 탈선, 공동체에서 이탈, 정욕적이 되거나, 동성애** 등에 빠지는 것을 종종 보게 된다.

즉, 뿌린 대로 그 열매를 거두게 된다.

이 말이 너무 가혹하게 들릴지는 모르겠지만 사실이다.
이것은 동서고금을 막론하고 모든 지도자들,
앞서간 선조들이 모두가 경험했고
나 역시도 경험했고 또, 지금 이 순간도
많은 부부들이 뼈저리게 경험하고 있다.

그래서 이러한 일은 일어나지 않도록 하는 것이 최선이다.

만약, 자신의 자녀만큼은
이러한 것들의 영향력을 이어받게 하고 싶지가 않다면
자녀가 필연적인 배필을 만날 수 있도록
[결혼관과 이성 관계]에 대해서는
건전하고 철저한 교육과 관리를 해주어야 하고
또한 자녀들도 역시 철저하게
[자기관리]해 나갈 수 있게 훈련받아야 한다.
왜냐면 이것은 자신은 물론,
자신의 자녀들의 미래가 걸려 있는 문제이기 때문이다.

그러므로 **[정욕적인 배필]**과의 한 번의 순간적인 욕정의 실수가 돌이킬 수 없는 즉, 다시는 돌아갈 수 없는 다리를 건너게 한다는 걸 유념할 필요가 있다.

이것은 이 지구상에 오고 가는 수많은 지도자 중에서도 적지 않은 수가 겪은 것이고 또, 최종적으로 지금도 많은 유명 인사들이 이것을 증거로 보여 주고 있다. **(이혼한 유명 연예인의 삶, 지도자들의 방탕 등)**

그렇다고 이런 사람들을

함부로 판단하거나 정죄해서는 안 될 것이다.
오히려, 그들의 이러한 삶을
이해하고 용서할 줄 아는 넓은 아량을 가져야
나 역시도 그러한 삶을 살지 않게 된다.

· PART 3 ·

서양 역사에서
정욕적 배필의 폐해들

예나 지금이나 근친상간이 적지 않게 일어난다.

삼촌이 조카 여자애를 어찌했다느니
오빠가 여동생을 어찌했다느니
누나가 남동생과 어찌했다느니
심지어는 아버지가 자기 딸을 어떻게 했다느니 하는 등
차마 입에 담기조차 부끄럽고
치욕스러운 일들이 너무나도 빈번히 일어나고 있다.

그렇다.
필연적인 배필이 아닌
정욕적이고 변칙적인 배필의 결합이나 결혼은
이러한 **영적, 육적, 지적, 도덕적인 혼탁함**을
시초로 해서 생겨난 것들이다.

이것은 우리 인간들이 전부 철저히 반성해야 할 부분들이다.
이러한 일들은 시대마다 암암리에 일어나고 있다.
아마 그들은 사람에게 들키지만 않으면 되는 줄 안다.

그러나 인간들은 미련하게도
스스로 **미투 운동**이라는 이름으로
성적인 문란죄를 까발리기 시작했다.

난, 개인적으로
이 **미투 운동**이 서양에서 일어난 것이
어떻게 보면 자연스러운 일이라고 생각한다.

미투 운동은
윤리, 도덕을 목숨보다 소중히 여기는
동양에서부터 먼저,
솔선수범해서 일어나야 할 운동이었다.
그러나 동양의 수많은 지도자들이
자신들의 추악한 면들을
자성하려고도 하지 않을뿐더러 드러내려고도 하지 않는다.
그럼에도 불구하고 매스컴의 발달은
동서양의 구분을 허물게 만들어 영향력을 미치게 했다.

한 가지만 더 말하면
중세 시절 수녀를 성폭행했던 교황은 물론
신부들이 적지 않았다.
당시에는 피임기술이라는 것이 없었기 때문에
임신을 하면 낙태하거나 무조건 낳아야 했다.
그렇게 생겨난 사생아들을 처음에는 세상에 숨기기 위해 아이가 불륜으로 태어나면 성당 지하실에 태어나자마자 생매장을 하거나 낙태하게 해 시신들을 묻어 버렸다고 한다.

그러나 그것이 생명에 대한 엄청난 살인이라는 것을 알고 결국
그렇게 태어난 아이들을 죽이지 않고 모아서 키운 곳이 바로 오
늘날의 **[고아원]**이 탄생하게 된 배경이다.

결국, 중세 때 가톨릭이 자기 구실을 못 하니까
당시 신부인 루터를 통해 종교개혁이 일어났던 것을
우리는 세계사를 통해서 배워서 잘 알고 있다.

자연의 순리법칙은
이처럼 사람이 자기 역할을 제대로 감당하지 못하면
인간 스스로가 스스로에게 부끄러워지도록 만들어 버린다.
에이즈라는 후천성면역결핍증 역시
이러한 부끄러운 일의 결과물이다.

이러한 부끄러운 모습들을 우리는 얼마 전
코로나 19를 통해서 다시 한 번 보게 되었다.

우리는 여기 수록하지는 않았지만
서양의 수많은 **정욕적인 배필의 폐해**들을
적지 않게 알고 있다.

이것들을 거울삼아서 남녀 간의 정욕적인 성적 범죄의 결과가

얼마나 끔찍한 결과를 가져오는지를 깨닫고 어떠한 일이 있더라도 하늘이 정해 준 필연적인 배필을 만나기까지는 남녀 간에 경건하고 구별된 처신들이 필요함을 깊이 유념하자.

　이미 필연적인 배필을 만나기 전에
　정욕적인 일을 저질러 버렸다면 철저하게 반성하고
　올바른 기본마음 자세를 위한 철저한 패러다임의 전환을 도모하라.
　그리고 두 번 다시
　그런 똑같은 실수를 범하지 않도록 행동을 변화시켜라.

　여기에 대해서는 6장 이후부터 설명하겠다.

· PART 4 ·

잘못된 만남의 실례(實例)

여기서는 **자연의 순리법칙**을 거스르는 **정욕적 배필의 변칙 결혼**이 얼마나 폐해가 큰지를 그 잘못된 만남의 실례를 실제 인물 중에서 몇을 살펴보겠다. **(실제 인물의 이름은 영어 알파벳의 대문자를 가칭으로 사용하겠음)**

① H 남성의 경우

H남의 집안은 조상 대대로 미신을 숭상하는 집안이었다. 그러다 보니 당연히 H 남의 선조들의 잘못된 **[정욕적 배필의 변칙 결혼]**은 수도 없이 많았을 것으로 보인다.

여기서는 H남이라는 남성에만 초점을 맞추어 보자. H남은 당시 우리나라가 정치, 사회적으로 어수선했던 5.16 군사혁명이 일어난 다음 해 어느 가정에서 7남매 즉, 4남 3녀 중 막내로 태어났다.

그리고 두 살 때 아버지를 일찍 여의고 홀어머니 손에 자란다.

위로 형들은 아버지가 살아 계실 때는 그래도 집안 형편이 괜찮아서 어려움이 없다가 졸지에 아버지가 화병으로 돌아가시면서 집안 형편이 어려워지자 어머니가 생계를 위해 밤늦게까지 노점장사를 하게 되고 자연스럽게 아이들 돌보는 것이 소홀해지게 되었다.

당시만 하더라도 밤늦게 거리를 돌아다니는 아이들은 모조리 잡아 소년원으로 보내던 시절인지라 위로 큰형과 큰누나는 전쟁 통에 병으로 일찍 죽고 둘째, 셋째가 맏이 노릇을 해야 했지만 아직 어리다 보니 그런 것을 알 턱이 없었다.

어머니 혼자서 얘들을 제대로 돌보지를 못하다 보니 이들은 밤늦게 거리를 배회하다가 소년원에 잡혀가는 경우가 흔했다.

누나 둘 역시, 늘 남의 집에서 생활하는 것이 빈번했고 결국, H남은 어린 시절에는 형들과 누나가 소년원이나 다른 가정에서 생활하다시피 했기 때문에 형제들과 같이 살아 본 기억이 별로 없고 어린 시절은 거의 어머니와 단둘이 커 왔다.
한참 예민한 사춘기를 지난 후 20살이 되어서야 형제들과 함께 잠시 살게 된다.

이렇게 정상적인 부모 아래 정상적인 가정에서 정상적인 교육을 제대로 받지 못하고 성장하다 보니 자연스럽게 고독과 외로움이 몸에 습관처럼 자리를 잡게 되었다.
가장 가슴 아픈 것은 어린 시절, 자신의 둘째 누나로부터 근친상간을 당한 것이다.
즉, 어린 남동생이 어린 누나에게 성적 유희를 배운 것이다. 요즘 말로 하자면 성폭행을 당한 것이다.

근데, 어린아이가 그게 성폭행인지 알았겠는가?

그러다 보니 일찍 어린 나이부터 성에 대해 중독이 되어 버린 것이다. 성폭력 피해자가 성폭력을 행사한다는 말이 있듯이 H남은 자신도 모르게 자연스럽게 중학교 시절 살던 집이 불이나 어머니가 알고 지내던 가까운 지인의 집에 몇 달간 얹혀살게 된다.
그때, 일찍부터 성에 눈을 뜬 H남은 그 집에 3살 많은 누나 다시 말해서 고등학생인 누나뻘 되는 여자아이와 성적인 유희를 즐기게 된다.
한창, 사춘기로 예민했던 그 누나도 싫지는 않았던지 그것을 함께 즐긴 것이다.

세월이 흘러 나중에 안 사실이지만 이 누나도 그때 예민한 시기에 성적인 유희가 엄청나게 자신에게 큰 육체적인 쾌락으로 자리를 잡았던지 성중독이 뿌리를 내려 일찍 결혼해 버린다.

만약에 아직, 자신의 필연적인 배필을 만날 시기가 다가오기 전인 어린 시절에 이러한 경험을 이미, 해 버린 사람들은 자연스럽게 정욕적 배필을 만나 성급하게 변칙 결혼이나 동거생활을 먼저, 시작해 버릴 위험성이 적지 않다.
그뿐만 아니라 한창 학업에 열중해야 할 나이에 이성에 먼저, 눈을 떠 버리면 학업을 중단해 버리는 일이 생기기도 한다.

아니나 다를까, 고등학교 1학년 때 장학금까지 받고 학교 다니던 H남은 그해 여름방학 때 친구들과 캠핑을 갔다가 자신이 원하지 않게 온몸에 전신 3도 화상을 입고 다음 해 학업을 중단하게 된다.
그렇게 학업을 중단한 그는 자신의 우울한 심정을 달래려고 기타를 배우게 되었고 20살이 된 사회초년생 시절 당시에 유행하던 그룹사운드의 기타리스트로 활약하게 된다.
그러다가 우연히 자신이 연주하던 클럽에 일하던 호스티스 출신의 여자를 만나 자연스럽게 동거를 시작하게 되고 이듬해 아이가 들어서자 형편상 결혼식은 올리지는 못하고 서류상으로 혼인신고부터 하게 된다.

한마디로 H남은 정욕적 배필과의 변칙 동거생활로 인해 자신의 인생이 완전히 틀어져 버리게 된 것을 모르고 있는 것이다.
즉, H남 본인은 자신의 인생이 완전히 틀어져 버리게 된 것이 이러한

[정욕적 배필과의 변칙적 동거생활]로 인한 것인 줄 꿈에도 알지를 못하고 깨닫지 못하고 살아가게 된다는 것이다.

결국, 그렇게 시작된 가정생활은 딸을 셋이나 낳고 살다가 인생의 철이 들 때쯤인 33살에 아내의 외도와 H남 자신의 가정에 대한 무관심으로 인해 파탄을 맞이하게 된다. 아내가 딸 셋을 두고 집을 나갔기 때문에 혼자서 많이 방황하다가 또다시 가정이 있는 가출한 어느 여인을 만나 잠깐의 정욕적인 동거를 하게 된다.

이 시기에 첫 아내와는 서류상 이혼을 하게 되는데 불행 중 다행인 것은 집 나간 첫 아내가 이혼 후에 다시 돌아오게 된 것이다.
그리고 동거하고 있던 여인과는 정리가 된다.

근데, 한번 영적, 육적, 지적, 도덕적으로 흐트러져 버린 얽힘은 바로잡는 게 쉽지가 않다고 앞에서 분명히 말했다.
아무튼, 그러다가 이번에는 다시 돌아온 아내와 세 딸을 두고 H남이 집을 나가 버린다.
그리고는 방황하다가 또 다른 처녀인 여인을 만나 결혼을 비로소 정식적으로 하게 되는데 이 또한 필연적인 배필은 아닌 것이다.

이런 경우 가정적으로 풍파가 끊이지 않는다.

H남의 결혼 소식을 들은 첫 아내는 H남의 세 딸을 남겨 둔 채 다시 잠적으로 해 버린다.
이 소식을 들은 H남은 세 딸을 데려오게 되고 경남 양산으로 이사가 재혼한 아내와 전처에게서 태어난 세 딸과 어정쩡하고 불편한 동거를 시작한다.
한창, 신혼이어야 하는 현재의 부인은 이미, 임신 초기로 예민한 상태여서 자신이 낳지 않은 세 딸까지 키워야만 하다 보니 얼마나 억장이 무너졌겠는가?
그것도 아이들이 아예, 어린아이도 아닌 고등학생, 중학생들이니 말이다.

결국, 새엄마의 눈치를 견디다 못한 첫 아내의 둘째 딸이 몰래 가출을 하게 되고 그것 때문에 H남은 첫 아내에게서 낳은 큰딸과 셋째 딸을 살고 있던 집에서 약 1킬로 정도 떨어진 곳에 방을 얻어 주어 따로 살게 한다.

그렇다고 H남이 그렇게 생활이 넉넉한 편도 아니었다. 아무튼, H남은 결국, 현재 아내와도 1남 1녀를 낳고 살다가 그 무렵, 일 때문에 지방에 가게 되고 그 지방에서 새로운 또 다른 여인을 만나 우여곡절 끝에 현재 아내와는 또다시, 이혼하고 새롭게 서류상 재혼**(세 번째)**을 하게 된다.

지금, 우리는 한 남자의 실제적인 삶에서 남녀의 잘못된 만남의 시작이 얼마나 많은 폐해를 낳고 얽혀 가는지를 살펴보고 있다.
소식 듣기로는 H남은 세 번째 부인과도 이혼했다고 한다.
지금, 이 이야기는 사실이 아닌, 꾸며 낸 소설에서나 나올 법한 이야기를 하는 것 같지만 방금 적은 내용은 실제사례이다.
오히려, 더 상세하게 다루고 싶지만 읽는 독자가 마음이 불편할까 염려가 되어 많은 부분은 간추려 적었다.

이 정도만 살펴보아도 이 남자의 일생은 정말, 말할 수 없을 정도로 비참한데 더 다룬다면 읽는 독자의 입에서 좋은 말이 나오지 않을 것 같아 사실, 글을 쓰는 내 편에서는 많은 부분을 절제하면서 적은 것이다.

그렇다. 한번 얽혀 버린 정욕적 배필과의 변칙적 동거생활이 한 남자와 한 여인은 물론이고 그들과 관련된 모든 사람의 인생을 뒤엉키게 만들어 버리는 과정을 우리는 지금, 글로 대면하고 있다.

② J 여인의 경우

J녀는 어린 나이에 어머니가 한쪽 손이 장애라는 이유로 결혼 후 남편의 심한 구박에 못 이겨 폐병으로 일찍 죽고, 술주정뱅이인 아버지 밑에서 이모의 손에 의해 오빠와 함께 자란다.

아버지의 술주정을 견디다 못한 이 여인은 어린 나이에 일찍 시골에서 대도시로 가출하게 된다.

어린 나이에 가출을 한 **J녀**는 갈 곳이 없다 보니 남의 집의 식모살이를 하게 된다.

이 눈치, 저 눈치를 보며 식모살이를 하던 이 여인은 결국, 어린 나이에 식모살이하던 집의 주인 아들에게 성폭행을 당하게 되고 그것을 견디다 못해 그곳을 뛰쳐나온 이 여인은 공장에 취직해 야간 고등학교에 다니게 된다.

그러다가 한 남자를 만나게 되어 사랑에 빠지게 되었는데 그 남자가 군에 입대하게 되자, 공장을 그만두고 일반 사무직으로 취직을 하게 된다.
근데, 그곳에서 한 남자를 만나 **[정욕적 변칙 동거생활]**을 하게 되고 그것이 이 여인의 인생을 또한, 뒤틀리게 만들어 버린다.

앞에서 말했듯이 정욕적 배필과의 변칙 결혼이나 동거생활은 오래가지 못한다.
혹, 오래가더라도 그것은 정상적인 부부 관계가 유지되지 않는 상태에서의 연장일 뿐이다.

J녀도 역시 첫 남편과 이혼을 하게 되고 여러 남자를 거치다가 다시 한 남자를 만나 서류상으로는 혼인신고를 하지 않은 채 부부로서 동거를 시작하게 된다.
그리고 첫 남편에게서 낳은 아이들이 성인이 된 현재, 그 자식들의 삶이 잘 풀리지 않고 꼬이는 것 때문에 항상 고민에 쌓여 중년의 삶을 보내고 있다.

③ K 여인의 경우

K녀는 평범하고 정상적인 가정에서 2남 2녀 중에 셋째로 태어났다.
가정이 그렇게 넉넉한 편은 아닌지라 고등학교를 졸업하고 곧바로, 개인 회사에 취직한다.
그리고는 자신의 월급을 모두 부모님께 드리는 효녀였다.
그런데 이 여인 역시, 직장에서 어떻게 하다 보니 가정 있는 남자에게 몸을 허락하게 된다.

이것이 이 여인에게는 치명적인 실수가 되어 버린다.

> 그렇다고 그 남자와 결혼을 하거나 살지도 않고 얼마 후 헤어진다. 그러고는 세월이 흘러 30 중반이 넘어서 노처녀가 되어서 겨우 몇 번 이혼의 경험이 있는 남자를 만나 결혼을 정식적으로 하게 된다. 그렇게 살다가 자식을 둘 낳은 후 이혼하게 된다.
>
> **K녀** 역시 필연적인 배필과의 만남이 아니라는 것을 알 수가 있다.

　우선, 세 사람만 예를 들었지만 우리 주변에는 이러한 **잘못된 배필의 만남**으로 인해 잘못된 비극적인 삶을 이어 가는 사람들이 의외로 적지 않다.

　이것을 분명히 기억하고 무조건 두 사람이 서로 좋다고 앞뒤 안 가리고 결혼부터 하려고 하기보다 그 상대가 나의 필연적인 배필이 맞는지 확인부터 할 필요가 있다.

· PART 5 ·

필연적인 배필을
만나기 위한 관문과 판별법

사실 결혼은 어찌 보면 완전히 다른 환경과 교육 조건에서 자란 한 소년, 소녀가 성인이 되어 만나서 평생을 함께 사는 것이기 때문에 또 하나의 어머니 형상, 아버지 형상을 만들어 내는 것이기도 하다.

그래서 실수에 실수를 거듭하면서 자신들이 원하는 어머니 형상, 아버지 형상을 만들어 가는 것이 아니겠는가?

그런데 이것이 누구에게나 만족스러운 결과로
이어지면 좋겠지만 언제나 그렇지만은 않다는 것이다.

사람은 필연적인 배필을 자신의 앞에 두고도 모른다.
그래서 남자든, 여자든 결혼적령기가 되면
이것에 대해서 예민해질 필요가 있다.

필연적인 배필을 알아보는 가장 최고의 방법은
자신의 필연적인 배필과 함께 있으면
마치 **'자기 자신과 있는 느낌이 들게 된다'**는 걸 기억하자.
즉, 자신을 거울로 보고 있는 느낌을 받게 된다.

자신의 필연적인 배필을 제대로 만나기 위해서는
우선 자기 자신부터 제대로 알고 사랑할 필요가 있다.

어떤 사람이 결혼을 하고 싶다고 느끼고 있다면
그것이 때로는 결혼을 하고 싶은 자신의 개인적인 강한 욕망 외에 아무것도 아닌 것일 수도 있다.
왜냐면 그것은 외로움이라는 우리의 심리적 불안감에서 오는 것일 수도 있기 때문이다.

자신의 필연적인 배필을 만나기 위해서는
반드시 **[통과해야 하는 관문]**이 있다.
그것은 다름이 아니라 필연적인 배필을 만나기 위한 **[우주의 자연 순리법칙]**이라는 기준을 잘 따라야 한다는 것이다.
이것이 되지 않으면 필연적인 배필은 죽는 날까지 만나지 못할 수도 있다.

사실, 이 말이 마음의 준비가 안 된 사람들에게는
아주 냉정하고 기분 나쁜 말 같기도 하지만
필연적인 배필은 **[우주의 자연 순리법칙]**에서
도출한 용어이기 때문에 어쩔 수가 없다.

한마디로 로마에 가면 로마법을 따라야 하지 않겠는가?
이건 누구에게나 적용되는 관문이므로 필연적인 배필을 만나기 위해서는 이 관문을 통과할 수밖에는 없다.

그 관문이 바로 앞에서 말한
[올바른 기본마음 자세에 대한 패러다임의 전환]이다.

어릴 때부터 자녀 교육 잘못시키면
세월이 지나면 후회만 남고 심은 대로 거두게 된다.
자녀가 성인이 된 후,
그때는 교육이 너무 늦었다는 걸 부모들은 깨닫는다.

시내 번화가를 한 시간만 다녀 보면
요즘 젊은이들의 세태를 알 수가 있다.
남자아이는 꼭 끼는 바지, 나풀거리는 티셔츠,
미개인인지 구별이 안 가는 머리, 수염 등
마치 스스로 나는 반항아라고 얼굴에 서 있는 거 같고
여자아이는 누더기 티셔츠, 유방 다 보이는 옷, 노브라자, 맨살의 짧은 바지, 몸살 나는 머리 염색, 페인트 같은 화장, 마치 거리를 배회하면서 자기들을 자극해 줄 뭔가를 찾아서 헤매는 넋이 나간 여우들 같다.

이것을 보면 마치 지옥을 향해서
스스로 달려가고 있는 것같이 보인다.
이런 젊은이들에게 **근면, 노력, 진보, 미래, 창조, 생산**이라는 건설적인 용어를 기대할 수가 있겠는가?

그들의 눈에는 오직, 무서운 쾌락의 욕구, 욕망만
이글이글 타오르고 있을 뿐이다.
　이런 실정인데 이들에게서 어떻게 진정한 필연적인 배필과의
만남을 기대할 수가 있겠는가?

　그러면 그 원인이 어디 있을까?

　그것은 모두 어린 시절
[올바른 기본마음 자세를 가지려는 것]에 대한
[훈련의 부재]가 그 원인이다.

　물론, 각 가정마다
나름 부모들은 최선을 다해 자기 자녀들을 교육할 것이다.
그러나 그것들은 각 가정에서 부모들 자신의
개인적인 잣대에 맞는 교육이나 훈련일 뿐이다.

　그렇게 가정교육을 잘 받은 아이가 성인이 되어
살인을 하고 사기꾼이 되고
폭력, 폭언을 서슴없이 행하고
자신밖에 모르는 이기주의적인 삶을 살아가는 경우를
적지 않게 우리는 매스컴을 통해서 본다.

그러면서 우리는 청소년들의 범죄와 만행이
뉴스에 보도되면 혀를 차며 욕설을 퍼붓는다.
사실은 그들의 행동과 성향은 어릴 때부터
부모로부터 보고 배운 것들이 대부분인데 말이다.

부모가 허락했거나 허락하지 않았거나 상관없이
텔레비전도 자기 보고 싶은 대로 본다.
어떤 사춘기에 예민한 여자애는 텔레비전에서 너무 선정적인 장면을 많이 보다 보니까 육체적인 정욕의 마음이 온몸에 암처럼 퍼져 남자 친구를 만나면 늘 선정적인 섹스만 생각한다고 한다.
그래서 자녀들의 시청각에도
부모의 각별한 지도가 요구되는 것이다.
분명히 심은 대로 거두게 된다.

근데 이런 소녀는 어떻게 생각하는가?

어렸을 때부터 그릇을 씻고 바닥을 닦고 집 안 청소를 하고 아기 보고 빨래하고 자란 소녀인데 대학을 입학할 때도 스스로 아르바이트를 해서 학비를 조달했다.

또 이런 소년도 있다.

아버지가 가난한 장사꾼이었기 때문에
12살부터 자기 입을 옷, 책,
기타 학용품을 조달하기 위해서 일을 해야만 했다.
그래서 이 소년은
5년간 접시 닦기를 해서 대학을 졸업했다고 한다.
그래도 한 번도 자기 부모를 원망해 본 적이 없고
그러한 부모가 자신의 옆에 계신 것만으로도
하늘에 감사했다고 한다.

이 소년, 소녀는
대학 졸업 후에도 성인이 되어서도 직장을 쉽게 구했다.
왜냐면 이들이 일할 줄 아는 젊음이라는 것을
고용주들은 한눈에 딱 보고 알아본 것이다.

그리고 그들의 부모들은 그들을 자랑스럽게 여겼다.
이렇게도 중요한 자녀들의 교육을
아이들이 청소년 시절이 된 뒤에 하려면
적어도 4~5년 정도는 자녀들에게만 신경을 써야 한다.
그만큼 어렸을 때보다 노력이 배가 들어간다는 말이다.

그러므로 부모들은 자녀들을 최선을 다해 양육해야 한다. 지금부터라도 집 안에 자녀가 있는 부모들은 부드럽고 온화하게 그러면서도 단호하게 시작해 보라.

자녀들은 땀을 흘리며 일을 하면서 순종을 배울 것이고
만사가 질서를 유지할 수 있기 때문에
부모와 자녀 사이는 사랑으로 가득할 것이 분명하다.

가정에서의 **[올바른 기본마음 자세를 가지게 하는 교육]**은 필연적인 배필을 만나는 일에도 필수다.
공부를 좀 못하고 학업성적이 좀 낮은 것은 괜찮지만
가정에서 **[올바른 기본마음 자세를 가지게 하는 교육]**을
받지 못했다면 그 자녀의 미래는 불투명할 수밖에 없다.

이 교육은 될 수 있는 대로
자녀들이 나이가 어리다면 유리하다.
그러나 12~13살 될 때까지 제멋대로 하도록 놓아두었다면 상당한 진통을 겪어야 할 것이다.
왜냐면 이 나이가 되면 마음의 습관이나 강퍅한 관념들이 웬만한 것들은 이미 굳어져 버리기 때문에 깨뜨리는 데 엄청난 노력이 필요하기 때문이다.
어떻게 보면 불가능할지도 모른다.

어떤 일을 집안의 가장(家長)이 해 나가는데

아내가 반대하면 그것은 남들이 방해하는 것보다
몇 배나 그 위력이 강력하다.

그러다 보니 아내의 잘못된 적극적인 잔소리나 충고 또는, 아내가 남편 일을 반대할 때 진정으로 아내를 사랑하는 남편이라면 그것을 무시하기가 정말, 쉽지 않다.

앞에서도 말했지만 남녀 간에는 호기심 때문에
서로가 다른 성격끼리 끌리게 마련인데
필연적인 배필은 오히려 닮은 부분에 끌린다.
물론, 처음에 호감을 느껴 끌릴 때는
서로 다른 성격에 끌리는 것처럼 보이기도 하지만
나중에 깊이 사귀게 되면
서로의 닮은 점에 끌린 것을 더 많이 발견하게 된다.

이것은 자신과 닮은 기질을 찾는 것이
필연적인 배필을 찾는 것이기 때문에 그렇다.
특히, 남자는 자기 여자를 알아본다.

여기서 핵심은 이것이다.

남자가 여자에게 끌려야!!!
필연적인 배필을 만날 확률이 높다.

이것이 **[필연적 배필의 판별법]**이다.

그래서 환경을 통해서든,
소개를 통해서든,
우연한 만남에서든,
보이지 않는 힘에 의해서든,
그 무엇을 통해서라도
여자가 남자에게 이끌려오도록
남자가 여자에게 끌려야!!!
필연적인 배필을 만날 확률이 높다.

그 이유는 남자의 잠재의식 속에 있던 기질이
필연적인 배필인 그 여자에게서 나타나기 때문이다.

부부는 오래 살면 닮는다.
그것은 필연적인 배필이기 때문에 그런 것이 아니라
본래, 부부는 함께 살면 서로 성관계를 하면서
호르몬을 주고받고 키스를 통해 침을 주고받고
스킨십도 하고 서로 접촉을 함으로써
서로의 것들이 서로에게 입술을 통해서,
음식을 통해서 교환되기 때문에
이러한 교환을 주기적으로 반복하게 되면

자연스럽게 DNA 활동상 닮게 되어 있다.

그래서 함께 살면 가족이 아니더라도 닮아 가는 것이다.

그러나 필연적인 배필이 닮는 것은
그런 생리적인 현상이 아닌
원천적으로 기질상 닮은꼴을 말한다.

만약에 내가 만난 닮은꼴이
이렇게 필연적인 배필로서 닮은꼴이라면
그들은 서로의 일들이 서로에게 활력이 되고
각자 서로의 일에 대해서 조언과 대화가 통하는,
정말 서로가 생각하기를 잘 만났다는 것을
살면 살수록 느끼게 될 것이다.

참고로 그 **[닮는 부분]**이
꼭 기질적 성격에서만 나타나는 것은 아니기 때문에
성격만으로 필연적인 배필의 닮은 부분을 찾으려고 한다면 실패할 확률이 높다.
예를 들면,
먹는 음식이나 식생활,
기타 여러 가지 습관들 등을 들 수 있다.

이런 의미에서 성격적으로는 닮은꼴은 아니지만
다른 부분에서 닮은 부분이 많은
필연적인 배필로서 닮은꼴 커플도 적지 않다.

그리고 필연적인 배필은
성적(性的)인 부분에서도 필연적으로 닮는다.
예를 들면,
남자가 성욕이 왕성하면 아내도 그렇다.
그러나 남자가 성욕에 무관심하면 여자도 마찬가지다.

그리고 남편이 지식욕이 왕성하면
아내도 지식욕이 왕성하다.
아내가 리더십이 강하면 남편도 그렇다.
그뿐만 아니라 남편이 여행을 좋아하거나
스포츠를 좋아하면 아내도 그렇다.

사실 세상에서 유명하고 훌륭한 사람이라고 해서
모두 다 필연적인 배필을 만나는 건 아니다.

훌륭한 저명인사이거나 훌륭한 지도자이면서도
자신의 필연적인 배필을 만나지 못하고
생을 마감하는 사람들이 허다하다.

그러므로 이런 것들을 잘 살펴서
아직 미혼인 사람들은
자신의 필연적인 배필을 만나기 위해서
비록 어린 시절 교육을 잘못 받았을지라도
이 책에서 제시되는 **[올바른 기본마음 자세를 가지려는 패러다임 전환을 위한 훈련]**을 반드시 하기를 바란다.

· PART 6 ·

올바른 기본마음 자세를
가지려는
패러다임 전환을 위한 훈련

이제부터는 지금까지 살펴본 꼬여 버린
[잘못된 배필의 만남]을
어떻게 하면 바로잡을 수가 있는지 살펴보자.
즉 예방과 이미 잘못되어
버린 것에 대한 치료와 극복방법을 살펴볼까 한다.

인간은 끊임없이 자기를 느끼기를 원한다.
그중 가장 깊은 수렁으로 빠져 자기를 느끼게 하는
쾌락이 바로, **성적인 쾌락 즉, 이성 간의 쾌락**이다.

남녀 간의 오묘한 감정들,
대학교를 다니면서 공부에는 관심이 없고
주변을 두리번거리면서
내 남자, 내 여자를 정욕적 눈길로 찾는다.
학문에는 관심이 없고
여자에게, 남자에게 즉, 이성에만 관심을 집중한다.
물론, 이것이 혈기왕성한 젊은 시절에는
지극히 일반적으로 당연한 일이다.

특히 **성적인 쾌락이나 성적인 감정들**은
그 원동력이 자신의 피 안에 있기 때문에
올바른 기본마음 자세를 가지려는 패러다임 전환을 위한 훈련이 되어 있지 않으면 제어하기가 불가능하다.

　필연적인 배필을 만나기를 원한다면
　성적인 쾌락이나 성적인 감정들
　즉, 이성에 대한 지나친 관심을 컨트롤할 줄 알아야 한다.

　성적인 욕구들은
　음란, 음행, 간음 등과 같은 것으로 인간들이 이것으로 인해 자신의 인생을 허비하기에 딱 좋다.
　왜냐면 인간들은 여기에 빠져 버리면
　거의 다 헤어 나오지 못하고 미혹되어 버리기 때문이다.

　그러므로 **정욕적인 변칙결혼이나 정욕적 배필에**
　현혹되지 말아야 한다.

　세상에 많은 영웅호걸이 모두 여기에 걸려 넘어졌다.

　이렇게 혼탁해져 버린 인간들의 기질들은
　[올바른 기본마음 자세를 가지려는 패러다임 전환을 위한 훈련]을 하지 않는다면 정욕적인 유혹에 쉽게 무너진다.

　따라서 진정한 배필을 만나기를 원한다면

과거에 어떻게 했든 이제부터는 **정욕적인 변칙결혼이나 정욕적 배필**의 유혹을 경계해야 한다.

만약, 과거에 이와 관련된 일을 경험했다면
과감하게 끊어 내야 한다.
물론 이미 결혼한 분들이라면
현재 자신의 배필이
필연적인 배필이든 아니든 상관없이
현재 관계를 비관하거나 불평, 불만하지 말고
잘 유지, 지속할 수 있도록 최선을 다해야 한다.

1) 인간의 상하 구조

우리네 인생은 구조적으로 [상하 구조]로 나누어져 있다.
무슨 말이냐면,
인간의 사회 구성원의 구조를 보면
어린 시절, 젊은 시절, 말단 직원, 후배, 아랫사람 등
아직 자기 가치관이 독립되어 있지 않은 시절의 인간이나 다른
사람의 지휘, 통솔 아래 있는 힘없는 [하층 구조]가 있고,

부모, 선생님, 지도자, 상사, 선배, 사장처럼
자기 위에서 통솔하고 지휘하고 감독하는 사람들인
힘 있는 [상위 구조]로 나누어져 있다.

이것은 인간의 육신이 자기 마음 내키는 대로
제멋대로 하지 못하게 하려는 **자연의 순리적 장치**이다.

부모가 자기 자식이 철없이 자기 마음대로
잘못된 길로 빠지려고 하면 그냥 있겠는가?

때려서라도 바른길 가도록 하지,
그래서 어릴 때는 좀 도망가고 싶고
부모의 잔소리가 싫고 그런 것이다.

근데 그렇게 하지 못하도록 요렇게 딱,
마디마디로 연결되어 있는 것이 **[자연의 순리적 장치]**이다.

학교에서도 선생이 없으면
학생들이 제 마음대로 할 것이 뻔하다.
자기는 공부 안 하고 영화 보러 가고 싶은데
그렇게 제 원하는 대로 하면 공부를 못하니까
당연히 대학 못 간다.

그렇게 되면
결국 자신의 인생에서 쓰레기를 거두게 되는 것이다.
그래서 **[상위 구조]**는 필요하다.
그래야 인간들이
자기 육신이라고 함부로 하지 않게 되는 것이다.

이렇게 했는데도 불구하고
인간의 정욕적인 본성 때문에
유혹에 넘어가 자기 마음대로 하는 사람들이 있다.

생각해 보라.
웬 어린 여자아이가
밖에서 남자아이하고 놀고 들어오더니만
그 아이하고 결혼하겠다고 해서 결혼한다면
어떻게 되겠는가?

그래서 상위 구조는
인간들의 **[올바른 기본마음 자세를 가지려는 패러다임 전환을 위한 훈련]**을 위해서 필수적으로 필요하다.

간혹, 미성년자 시절
철모르고 사고를 쳐서 결혼해 버린 사람들이 있다.
이런 사람들은 다른 것은 다 뒤로하고서라도
자신의 미래의 필연적인 배필감에게
씻을 수 없는 죄를 짓는 것이다.
이런 사람들이 만나는 짝은
거의 자신의 필연적인 배필감이 아닌 것이 대부분이다.

그리고 이런 부부들이
나중에 나이가 들어 철이 든 후에
이혼하는 경우가 적지 않다.
왜냐면 이런 사람들은

거의 가정에 부모 중 한쪽이 없다든가,
부모가 이혼했거나 불우한 가정에서 자란
편모 가정인 경우가 일반적이라,
상위 구조의 교육부재로 인해서
절제, 자제, 훈련, 교육이
제대로 정상적으로 이루어지지 않은 경우가
대부분이기 때문이다.

이런 사람들일수록 끝없이 쉬지 않고 [쉬운 길]만 찾는다.

그래서 바람피우고 사기 치고
도적질하고 욕심내고 자기 정욕에 끌리면!
넘지 말아야 할, 선을
아무 남자,
여자나,
생각도 없이 넘는 짓을 양심에 거리낌도 없이 한다.

결국, 정욕이 가득한 인간들은 그냥 두면 안 되니까 이렇게 마다라는 구조를 주어서 연결되도록 해 놓았는데도 불구하고 [**올바른 기본마음 자세를 가지려는 패러다임 전환을 위한 훈련**]이 되어 있지 않으면 절대로 [**힘든 길**]쪽으로 가려고 하지 않는다.

그래서 육이 원하는 대로 고민하다가
'에라~ 모르겠다!' 하면서
성적인 욕구에 끌려
또는, 물질이나 명예, 가문, 학연, 지연에 끌려
정욕적인 변칙결혼을 해 버리는 경우가 다반사다.
이것이 자신의 인생을
파멸로 몰고 가는 줄도 모르고 말이다.

부모가 되어 자식을 사랑한다는 명분으로
끝없는 잔소리하면 그것은 간섭밖에 안 된다.
그래서 아이들이 그것을 지겨워하는 것이다.
"제발, 엄마 부탁이야, 그만해!
내가 알아서 할게, 제발 간섭 뚝!" 이라고 말한다.

그런데도 부모는 사랑이라는 이름으로 끊임없이 간섭한다. 사실 엄마가 아이에게 상처를 주는가?
아니다.
사랑해서 그러는 건데 나중에 커 보라.
그 아이는 그렇게도 상처를 받았다고 한다.
"나 아버지한테 언제 상처받았고,
엄마한테 언제 상처받았어요."
진짜 부모가 상처 준 것인가?

사실 사랑한 거지.

그러나 아이들은 그렇게 생각하지 않는다는 것이
세대 차이를 느끼게 한다.
오히려 상처는 자기네들이 부모에게 더 주지,
물론 자녀를 사랑한다고 그러면서도 부모 욕심 때문에
그 자녀를 조종하려는 그런 부모도 없지는 않다.
그렇게 하면 그 아이도 [자기 혼]이 있기 때문에
그걸 안다.

부모가 사랑이라는 이름으로 그러는 것 같지만
지금 결혼을 끝까지 반대하는 건
부모 욕심 때문인 경우도 적지 않다.
이걸 자식은 알아차린다.
물론 그렇지 않을 수도 있지만
그러나 거의 그런 경우도 적지 않다.
즉 부모의 욕심 때문에 반대하는 것이다.

그래서 **[올바른 기본마음 자세를 가지려는 패러다임 전환을 위한 훈련]**이 된 상태에서 자신의 자식을 사랑해야 하는 것이다.
그래야 자식도 올바른 만남을 이루어 낸다.

2) 이혼 예측 연구

[이혼에 관한 연구]는 심리학, 가정학 등 다양한 영역에서 많이 축적되어 왔지만 이혼 예측 연구는 전무한 것 같다.

만약에 신혼부부가 백 년을 해로할지 아니면 이혼할지를 예측할 수 있다면 이것은 부부 관계에 대한 통찰력을 제공하고 문제 있는 부부의 상담 치료에도 도움이 될 것이 분명하다.

수학자인 제임스 머리 교수와 심리학자인 존 고트먼 박사는 부부가 논쟁할 때 주고받는 말에 주목했다.

말로 인해 마음에 조금씩 금이 가면 시간이 흐름에 따라 파국을 맞을 가능성이 높다는 가설을 세웠다.
그래서 대화나 논쟁 속에 포함된
[긍정적인 표현과 부정적인 표현]을 조사해서
그중 [애정, 기쁨, 유머, 의견 일치, 관심, 화, 거만, 슬픔, 울음, 호전성, 방어, 회피, 혐오, 모욕] 등 14개 변수를 선정했다.

데이터는 갓 결혼한 부부 700쌍을 대상으로 수집했다.
신혼부부를 방 안에 마주 앉게 한 뒤
[돈, 성(性), 시댁 문제] 등 평소 둘 사이를 틀어지게 하는 주제에 대해 15분 동안 대화하라고 했다.
그러고는 녹음된 대화를 분석해 무엇을 말했느냐에 따라 남편과 아내에게 각각 다음과 같이 +4점에서 -4점 사이 점수를 부여했다.

데이터 분석에서 핵심은 대화 속에 나타나는
긍정적 상호작용과 부정적 상호작용 비율이다.
부부 각각의 측정 점수를 **[차이 방정식 모델]**이란 수학 모델에 입력한 뒤 그 결과를 그래프로 나타내 보았다.

그래프에서 남자의 선(line)과 여자의 선은 그들이 어떻게 상호작용하고 있는지를 나타내고 두 선이 만나는 위치는 결혼생활의 실패 확률로 분석했다.

이런 분석을 통해 머리 교수와 동료들은
700쌍의 신혼부부를 다음과 같은 5개 그룹으로 분류했다.
각 그룹 특성을 바탕으로 머리 교수는
[유효 부부와 회피 부부]는 이혼하지 않고,
[적대적 부부와 적대적 고립 부부]는

언젠가는 이혼하리라 예측했고,
[불안정 부부]는
행복하지 않은 결혼생활을 영위하지만
이혼은 하지 않는다는 것으로 예측했다.

이러한 예측의 정확성을 확인하기 위해 머리 교수는 실험 이후 12년에 걸쳐 1~2년 간격을 두고 실험에 참여한 부부에게 연락해 이혼 여부를 확인했다.

최종적으로 12년 후 확인한 결과, 신혼부부 700쌍에 대한 이혼 예측은 놀랍게도 94% 적중했다.
그래서 **고트먼 박사**는
이 연구 결과를 현실에서 적극적으로 활용하기 시작했다.

그는 현재, 아내 줄리와 함께 고트먼 부부관계연구소를 설립해 부부 관계 개선을 위한 비디오와 훈련모임, 그리고 소통을 증진하는 다양한 수단을 제공하고 있다.
특히, 이 연구소에서 이틀 동안 진행하는 부부 워크숍에 참가한 부부의 75%가 파탄 난 관계를 회복하고 있다. **(위 내용은 김진호 서울과학종합대학원 빅데이터 MBA 주임교수 글을 참조함)**

적지 않은 사람들이 이혼의 원인을

첫째가 성격의 차이,
둘째가 경제 문제,
셋째가 건강,
넷째가 가족 간의 갈등 등으로 알고 있다.
그러나 고트만 박사의 연구 결과는
놀랍게도 이혼의 원인이
[부부 간의 대화] 즉, 말에 있다는 사실을 밝혀냈다.

그는 [애정, 기쁨, 유머, 의견 일치, 관심, 화, 거만, 슬픔, 울음, 호전성, 방어, 회피, 혐오, 모욕] 등 14개 변수를 가려내었다.
그중 앞부분에 있는
애정, 기쁨, 유머 등을 말하는 부부는
행복한 결혼생활을 하게 되고
뒷부분의 혐오, 모욕 등을 말하는 부부는
이혼하게 되더라는
94% 적중률의 데이터를 분석해 낸 것이다.

이것을 볼 때 부부가 대화를 할 때
[올바른 기본마음 자세]에서 나오는 말을 함으로써
언제나 화목한 가정, 사랑이 가득한 가정을
이룰 수가 있다는 것을 알 수 있다.

난, 이러한 머리 교수의 실험결과에 한 가지를 덧붙이고 싶은 것은 **필연적인 배필의 만남 이론**이다.

만남에는 첫 단추가 중요하듯이 남녀가 처음 만날 때부터 자신과 참된 짝인 필연적인 배필을 만나게 되면 이상과 꿈과 두 사람의 모든 비전이 같기 때문에 자연스럽게 **[애정, 기쁨, 유머, 의견 일치, 관심]**의 말을 하게 되어 있다고 본다.

내 아내가, 내 남편이 사랑스럽고 좋은데
왜 화를 내고 거만하게 굴고 슬픈 일을 만들어 내고
울음, 호전성, 방어, 회피, 혐오, 모욕감을
느끼게 하는 말을 하겠는가?
절대로 그렇지 않다.

그러나 두 사람의 첫 만남이나 관계가
성적인 욕구에 끌려 또는, 물질이나 명예, 가문,
학연, 지연에 끌려 **[정욕적인 변칙결혼]**으로 시작을 했다면
그러한 부부 관계는 시간이 지나면
그 결과는 머리 교수의 실험결과처럼
[화, 거만, 슬픔, 울음, 호전성, 방어, 회피, 혐오, 모욕] 등의 대화가 부부 간에 나타나게 될 것이다.
그러니 당연히 이혼이라는 결과를 낳는 것이다.

이것을 깨닫고

비록 세월이 흐른 후 자신의 첫 만남이

필연적인 배필과의 만남이 아니었다는 것을 알았더라도

현재의 부부 관계를 소중히 생각하고

부부 서로가 진정한 사랑을 가지고

[혀] 사용하기 즉, 입에서 나오는 말에

다음의 **[올바른 기본마음 자세를 가지려는 패러다임 전환을 위한 훈련]**을 반드시 하기를 권한다.

3) 올바른 기본마음 자세를 가지려는 패러다임 전환을 위한 훈련(말=언어)

정신분석 상담가 **[지그문드 프로이드]**는 최초로 체계적이고 과학적인 성격 이론을 발전시켰고 동시에 인간 **무의식**을 주된 연구대상으로 하는 정신치료법을 제공함으로써 상담과 심리치료 분야에 새로운 장을 열기도 했다.

정신분석학은 성격발달에 대한 이론이자 인간 본성에 관한 철학이고 심리치료의 한 방법이다.

정신분석학은 인간에 대해 결정론과 무의식이라는 두 가지 개념을 기본적으로 가정하고 있다.

즉, 인간의 행동은 어렸을 때의 경험에 따라 크게 좌우되고 빙산의 대부분이 물속에 잠겨 보이지 않듯이 마음에 대부분은 의식할 수 없는 무의식 속에 잠겨 있다는 것이다.

어렸을 때 형성된 무의식적 갈등을 자유연상이나 꿈의 해석 등의 방법을 통해 의식화함으로써 내담자가 자신에 대한 통찰을 얻도록 하는 과정이 바로, 정신분석적 상담이고 치료이다.

프로이드에 의하면 사람의 성격 형성은 5세 이전, 어릴 때 성장 과정에서 받은 경험에 따라 크게 좌우된다고 한다.

[프로이드]의 이 이론을 받아들인다면
5세 이전에 형성된 성격은
필연적인 배필을 만나는 데
적지 않은 영향을 미친다는 사실이다.

그중, 가장 크게 영향을 미치는 것은 **말(언어)**이다.

좋은 말을 듣고 자란 사람은
좋은 성격의 인격자로 성장하지만
언어폭력을 당하면서 자란 사람은
[정신적, 심리적인 장애인]으로 자라날 확률이 높다.

이런 정신적, 심리적인 질병을 치료하는 것도
역시 **말(언어)**로 하게 된다.
결국 **[필연적인 배필]**은
'자신의 행동과 말에 맞게 만나게 된다!'는 결론이 나온다.

다시 말하면,
말(언어)이 사람에게 치명상을 입히게 되고

다른 한편 **말(언어)**이
좋은 만남이 이루어지도록 해 주기도 하고
좋은 약이 되어
인간 내면의 상처까지도 치료해 주기도 한다는 것이다.

그러므로 특히 필연적인 배필을 만나고 싶은가?
그렇다면 어느 누구와 대화를 하든지
먼저 칼 같은 말을 쓰는 것을 피해야 한다.

이건 이미, 만남이 이루어진 부부 관계에서도 마찬가지다.

이 **말(언어)** 훈련이 바로!
필연적인 배필을 만날 수 있는 **[올바른 기본마음 자세를 가지려는 패러다임 전환을 위한 첫 번째 훈련 과목]**이다.

이것을 이 책을 다 읽을 때까지 기억하라.

4) 정식적인 부부 간의 성행위

그러면 부부 상호 간에
선한 영향력을 공급하려면 어떻게 해야 할까?
서로가 서로에게 항상 좋은 말을 하여
그 말이 부부 상호 간에 양약이 되게 하려면
자격 요건을 따지지 말고 서로 축복을 빌면 된다.

여기서 어느 여인이 실제로 겪은 사연을 하나 소개하겠다.

이 여인은 남편과 자녀들에게
아주 헌신적인 중년 여성이었다.
직장도 현대증권이라는 좋은 직장을 다니고 있었다.
그런데 같은 직장에서 일하는
한 남성에게 감정적으로 끌리게 되었다고 한다.

처음에는 아무 감정도 없었다고 한다.
그리고 그 남성이

자기에게 노골적으로 접근한 적도 없었다.
그런데 이 여인은 매일 그 남성과 마주하다 보니까
자기 스스로가 끌리고 있음을 알았다고 한다.
늘 그 남성 생각에 사로잡힌
자신을 보고 놀라기도 했다고 한다.
결국, 그 남성과 같이 있고 싶은 마음이
가득할 정도로 아주 위험한 상태에 이르렀는데
그때 어떤 책을 감명 깊게 읽게 되었고,
그 책에서 직장 남성, 직장 여성들은 성적인 일탈을 하기 전에 반드시 감정적으로 끌리는 현상이 생긴다는 내용에 충격을 받았다고 한다.

즉, 그 여인은 자신이 지금 그런 상태라는 것을 알고 그것이 아주 미묘하다 보니까 눈에는 띄지 않지만 자신이 빙산을 향해 돌진하고 있는 타이타닉호라는 경고를 그 책을 통해서 받았던 것이다.

여인은 이 일을 남편에게 솔직히 고백했다고 한다.
즉, **[올바른 기본마음 자세]**를 가지고 있었던 것이다.
그리고 자신의 타이타닉호는 절대로 침몰하지 않을 것이라고 자만하지도 않았고 남편과 함께 이 일을 놓고 의논했다고 한다.
그러나 이것으로 끝난 것은 아니었다.

왜냐면 남편과 함께할 때는 괜찮지만
또다시 다음 날 직장에 출근하면
그 남성과 만나면 감정이 조절되지 않는 것이다.
그래서 여인이 결정한 것이 **삼십육계 줄행랑**이었다.

사실, 여인이 다니는 직장은 정말 좋은 직장이었다.
연봉도 꽤 높았다.
그러나 여인은 지혜롭고 현명했다.
인생을 굳건하게 끝내기 위해서
직장을 말없이 옮겨 버린 것이다.
그리고 그 이후,
그때만큼 좋은 직장을 찾지도 못했다고 한다.

이것은 승진도 아닌 수평 이동일 뿐이었다.
그러나 여인은 가정에서는 승진했다.
왜냐면 자신이 감당하지도 못할 상황에 그대로 머무름으로써 가정에 닥쳐올 필연적인 배필과의 깨질 수 있는 위험으로부터는 승리를 했기 때문이다.
  다시 말해서 **가정과 남편에 대한 신뢰를 위해서**
자신의 좋은 직장을 포기한 것이다.
대(大)를 위해서 소(小)를 희생한 것이다.

이것이 **[올바른 기본마음 자세를 가지려는 패러다임 전환을 위한 훈련]**이 제대로 된 한 여인의 실제 경험담이다.

그렇다.
돈 때문에 직업을 바꾸고
승진하려고 직장을 바꾸고 권력을 위해서 바꾸지만
가정과 부부 간의 신뢰를 위해서 바꾸는 사람은 드물다.

그러면 여기서 잠시
정식으로 결혼한 부부 간의 성관계에 대해서 알아보자.

정식으로 결혼한 부부 간의 성관계는 정욕적인 행위일까?
그렇지 않다.

인간의 **[육신적인 생리현상]**은 정욕과 관계없이 우리 몸의 구조상 반드시 생성되는 본능적인 현상이기 때문에 이것은 **[인간의 기본적인 욕구]**에 해당한다.

예를 들면,
가치 있고 의미 있는 일을 한다든가,
맛있는 음식을 먹는다든가,
아름다움을 추구한다든가,

휴식과 여가를 즐기는 쉼을 갖는다든가,
우정을 나누는 것,
더불어 정상적인 부부가 섹스로 사랑을 확인하는 것 등등은 욕정과는 아무런 상관없는 육신을 가진 인간에게 주어진 고유의 축복이다.

다만, 이러한 **[생리현상(배고프면 먹어야 하는 것, 목마르면 마셔야 하는 것, 편안하게 놀고 싶은 것, 성적인 충동 등)]**도 그것을 인간 개개인이 스스로 조절할 줄 알아야 한다.

즉, 먹고 싶다고 있는 대로 다 먹기보다는
적당하게 먹을 줄 알고
목마르다고 무조건 아무거나 마시지 말고 가려서 마시고
놀고 싶다고 너무 나태하게 놀지만 말고
충동이 온다고
아무나 하고 성관계하려고 하지도 말라는 것이다.

만약, 이런 것이 지나치게 되면
즉, 과욕하게 되면 그것은 과유불급이라고
결국, 하지 않은 것보다 못한 욕정이 된다.

여기서

'모든 것이 가능하지만
모든 것이 유익한 것은 아니고
모든 것이 가능하지만
모든 것이 내게 덕이 되는 것은 아니다'라는
결론을 얻을 수 있다.

그러면 정식으로 결혼한 부부 간의 성관계는
어디에 해당하는가?

그것 역시 인간의 생리 현상적 본능의 행위인
[최소한의 기본욕구]에 해당한다.
즉, **[정욕적인 것]**과는 전혀 상관이 없는 행위라는 말이다.

다시 말해서 좋고 나쁘고
선하고 악하고의 대상이 되지 않는다는 말이다.
왜냐면 그것은
인체의 자율신경계의 작용행위이기 때문이다.

자율신경은 내가 원하지 않아도 자동으로 발동된다.
그렇더라도 방금 말했듯이
이 자율신경(교감, 부교감신경)을 조절할 수 있는
[올바른 기본마음 자세를 가지려는 패러다임 전환을 위한 훈련]은

꼭 할 필요가 있다.

결론적으로 정식적인 부부에게 진정한 사랑의 발로로서 일어나는 성행위는 그것은 선한 행위, 악한 행위와는 전혀 상관이 없는 최소한의 기본적인 생리욕구행위이기 때문에,

좋고 나쁘고 선하고 악하고와는 전혀 상관이 없이 그냥, 부부의 일상적인 생활에서 일어나는 스킨십처럼 사랑의 표현인 생리적인 사랑행위일 뿐이다.

즉, 정욕적인 것과는 아무런 상관이 없는 자연스러운 행위라는 말이다.

그러나 이 행위도 지나치면 몸에 무리가 간다.
다시 말해서 건강과 장수에는 그렇게 썩 좋지 않다.
사실 인간의 행위 중에는 이처럼 최소한의 기본적인 생리 욕구 행위들이 적지 않다. **(예: 의식주와 관련된 것들은 모두 여기에 해당함. 먹고, 싸고, 자고, 놀고, 건강 유지하고 등등)**
그래서 이런 것들도 우리는 분별할 줄 알아야 한다.

여기서 중요한 것이 있다.
그것이 무엇이냐면,
방금, 말한 **[정식적인 부부]**가
[진정한 사랑의 발로로서 일어나는 성행위]라면

그것은 정욕과는 아무런 상관이 없기 때문에
정식 부부라면 오히려 진정한 사랑의 발로로서 일어나는 성적인 행위에는 부부 서로가 최선을 다하는 것이 의무이고 책임이다.

그러나 이것 이외의 모든 성행위!
즉, 이것을 벗어난 기타, 모든 성행위는
그 성행위가 어떠한 것일지라도
쾌락과 음란, 음행이라는 정욕에 해당한다.
다시 말해서 부부 간에 위배되는 행위라는 말이다.
여기서도 부부 간에 분명한 신뢰가 필요하다.

그러므로 무엇보다도 필연적인 배필을 만나기를 원한다면 이러한 것에서 자신을 잘 컨트롤하면서 철저히 지킬 수 있도록 **[올바른 기본마음 자세를 가지려는 패러다임 전환을 위한 훈련]**을 끊임없이 할 필요가 있다.

그것이 잘못된 만남을 바로잡고 자신을 치료하고 정욕적인 끌림으로부터 자신을 극복하고 자신을 회복할 수 있는 길이기도 하다.

· PART 7 ·

필연적 배필을 위한
유전적 측면에서의 기질

현재 자신이 필연적인 배필을 만났다면 두말할 필요도 없겠지만 만약에 자신의 필연적인 배필을 아직 만나지 못했거나 현재 이 글을 읽고 나는 필연적인 배필이 아닌 사람과 결혼해 산다고 느끼는 사람들은 어떻게 해야 할까?

다시 필연적인 배필을 만나기 위해서
과감히 이혼해야 할까?
아니다.
그것은 오히려 정욕적인 배필을 만난 것보다
더 나쁜 또 다른 정욕적인 생각이다.

그러면 어떻게 해야 할까?

앞에서도 언급했지만 현재의 가정을 위해서 최선을 다하면서 부부가 비록 필연적인 배필은 아니지만 깊이 반성하고 현재의 가정을 위해서 서로에게 지금부터라도 최선을 다하는 그것이 오히려,

[올바른 기본마음 자세를 가지려는 패러다임 전환을 위한 훈련자세]
이고 자신이 만나지도 못하고 어디 있는지 알지도 못하지만 필연적인 배필에 대한 다소나마 참된 용서를 구하는 길이다.

그러나 그렇게 최선을 다했는데도 불구하고

결국은 헤어질 수밖에 없다면 즉, 이혼하게 되었다면
이제부터라도 자신의 필연적인 배필을 만나기 위해서 최선을 다해야 할 것이다.

그래서 지금부터는 비록 그렇게 필연적인 배필로 만나지 못했을지라도 지금 이 순간부터 그것을 깨닫고 만나지 못한 필연적인 배필보다 더 필연적인 배필을 만난 것처럼 살아가기 위한 극복의 방법이면서 동시에 이제부터라도 필연적인 배필을 제대로 만나기 위해서 필연적인 배필을 알아보는 방법을 살펴볼까 한다.

이것은 인간이 가지고 있는
4가지 기질들을 살펴봄으로써 파악할 수가 있다.

먼저 이 기질을 유전공학적으로, 심리학적으로 각각 나누어서 어떻게 정의하고 있는지를 살펴본 다음 기질에 따른 활동성향을 살펴보려고 한다.

먼저 유전공학적으로 **[기질]** 하면
부모의 어떤 특성이
성격적으로 자식에게 전달되는 현상으로
개인적인 특성과 잠재적인 능력 및 가능성을 포함한

모든 사고, 행동, 패턴 등을
유전적으로 이어받았거나 또는 보고 배워서
학습되어 전달되는 현상이라고 정의할 수 있다.

이것은 유전공학적인 기질의 정의이고
심리학적인 기질의 정의는 또 다르다.

심리학적인 기질의 정의는 뒤에서 다루겠다.

근데, 이 기질을
유전공학적으로는 질병으로 보는 견해도 있고
정신적인 영역으로 보는 견해도 있고
또는, 행동패턴으로 보는 견해도 있을 정도로
견해가 다양하다.

예를 들면,
다 그런 것은 아니지만 기질적으로 아버지, 어머니의 집안과 친척 중에서 이혼하고 실패하고 패배한 사례가 있다면 그 자녀들도 기질적으로 그러한 것을 보고 배워서 잠재의식 속에 그 행동들이 뿌리내리고 있기 때문에 그런 행동패턴을 보일 확률이 높다는 것이다.

부모가 당뇨병, 암 등으로 사망하면 자식이나 후손 중에도 체질적으로 그런 질병이 유전되기 때문에 발병할 확률이 높다.
그리고 시력이 나쁜 것,
가난한 것,
두뇌의 역량 등도 기질적으로 물려받을 수 있다.

아무래도 이것은 체질과 성격적인 영향이 크다.
그것을 보고 배운 다음 세대는
기질적으로 더욱 완악해지거나 심화된다.

그리고 문화수준이나 소득수준이나 지적인 수준이 낮은 가정이나 나라일수록 부도덕한 행위가 많이 발생하는 것으로 나타났다.
예를 들면,
근친상간이나 간통이나 강간이나
무절제한 성생활이 그 예다.

그러므로 가난과 빈곤은
부도덕과 수치와 무관심 그리고 비행과 범죄를
만들어 내게 되는 주요요인이 되기도 한다.

이러한 죄들은 그 세대를 지나서

다음 세대에 넘어가면서 더욱 심화되고 일반화된다.

예를 들면,
아버지가 알코올 중독자라면 그 자녀 역시
아버지의 알코올 중독성을 기질적으로 물려받을 수 있다.
또한, 부모가 성적으로 음란하거나 문란하면
자식도 그 성향 속에 그것을 보고 배운 그 기질이 있기 때문에
언제든지 그쪽으로 이끌릴 수도 있다.

이렇게 되면
이들에게 필연적인 배필의 만남은 기대하기가 어렵다.

마찬가지로 부모가 비판적이고
불평, 불만이 많고 부정적이고 남을 잘 흠잡으면
자식도 그 몸속에 그러한 기질이 있기 때문에
조상 때부터 내려오던 이러한 약점은
계속적으로 대물림되어 내려가는 것이 일반적이다.

오늘날 과학 시대에도 온갖 종류의 신비한 사교 행위
즉, [부적, 강신술, 초혼술, 텔레파시, 자동필기, 신접술, 투시력, 점치는 것, 관상술, 점성술, 주문, 정신적인 암시요법인 시크릿, 심령치료, 단전호흡, 요가, 사주궁합, 굿, 풍수지리에 의한 묫자리 고르기, 기공술

인 기 운동, 뇌 운동, 단전호흡, 이사, 결혼택일] 등 얼마나 많은지 모른다.

심지어 가족을 잃고 슬퍼하는 사람들은
그 가족을 다시 한 번 만나 보려고
귀신을 불러오기도 하고 온갖 이상한 행동을 다 한다.

그렇게 한참 하다 보면 이상한 악한 영이 와서 하는 말이
"**나는 네 사촌 누구누구다~ 나도 네가 보고 싶었다, 나는 네 할애비다, 나는 네 증조할머니다!**"라고 거짓말을 한다.

심지어 역사적으로 유명한 인물들,
예를 들면
"**나는 이순신 장군이다, 나는 계백 장군이다, 나는 강감찬 장군이다!**"
하면서 무당의 몸에 들어와서는 그 몸에 기생하고 산다.
그러니까 무당들이 그 영에 확 눌려서 신접한 짓거리를 하면서 사는 것이다.

이런 것에 속지 말라!
그 존재는 우리의 삼촌, 사촌, 할아버지, 할머니가 아니다.
그 존재가 바로 거짓말을 밥 먹듯이 하는 신접하고 더러운 귀신인 악한 영이다.

만약 이러한 일에 직접 관여하고 있다면
예를 들면 점을 쳐주거나 무당 같은 행위를 하고 있다면 아주 위험한 일에 깊이 관여하고 있는 것이다.

이런 사람들은
자신의 필연적인 배필은 꿈도 꾸지 말아야 한다.
필연적인 배필을 만나고 싶다면
그러한 것을 과감히 끊고 가까이하면 안 된다.

신접한 자들이 내 인생을 보장해 주는 게 아니다.
그런 자들과 가까이하지도 말라.
오직 자신을 굳건히 하고 **[올바른 기본마음 자세를 가지려는 패러다임 전환을 위한 첫 번째 훈련 과목]**을 게을리하지 말라!

그리고 자녀들에게도 이러한 것에 대해
경계하고 주의히도록 가르쳐라.
그렇다.
이런 일에 물들지 않게 예민해야 한다.

결코 포기하지 말고 두려워하지도 말고 근심하지도 말고 염려하지도 말고 약해지지도 말고 담대하게 확신을 가지고 필연적인 배필을 만나기 위해서!

그리고 남은 가족을 위해 **[올바른 기본마음 자세를 가지려는 패러다임 전환을 위한 첫 번째 훈련 과목]**에 힘쓰라!

이에 대한 절박한 마음을 가질 필요가 있다.

· PART 8 ·

필연적 배필을 위한 기질적인 흐름

I) 기질의 흐름

앞부분에서
인간의 **[유전적이고 기질적인 성향]**을 살펴보았지만
여기서는 **[기질의 흐름]**을 살펴보자.

기질은 숙주처럼 가족력을 타고 내려온다.
이것은 이렇게 생각하면 이해가 쉬울 것이다.

우리나라 사람들이 지금 세계 곳곳에 흩어져 살고 있다.
　그 사람들이 지금 시대의 사람들이 아니라 조선 시대 또는, 일제 및 고려 시대 때 그 지역으로 흘러 들어갔거나 시집을 갔거나 노예로 팔려갔거나 끌려갔거나 해서 그곳에서 뿌리를 내려 지금까지 정착해 사는 우리 선조들의 후손들이다.

　문제는 **불안, 두려움, 가난, 혈기, 폭력, 시기, 질투, 비방, 비판, 방탕, 음란**이라는 정욕의 기질들이 내 속에서 발견된다면
　그것은 먼 옛날 남녀 간의 결혼으로 인해

정욕적인 배필이라는 [숙주]를 통해서
내 선조들의 피를 타고 내 속에 들어온 것이다.

좀 더 쉽게 설명하자면
세월이 흘러, 흘러 내 속으로 들어온
불안, 두려움, 가난, 혈기, 폭력, 시기, 질투, 비방, 비판, 방탕, 음란이
라는 정욕적인 배필의 숙주들은 내 안에서 본성으로 둔갑해서는
무의식적으로 잠재하여 활동을 하는 것이다.

이런 정욕적인 배필의 숙주기질들이
내 속에서 발견되면 즉시, 과감하게 몰아내야 한다.
그것들에게 이렇게 큰 소리로 말하라.

"**더러운 정욕의 숙주기질들아!**
내가 이것을 알게 된 이상,
너는 더 이상 내 속에서 활동할 수 없을 것이다!
내 안은 이미, 깨끗해졌다.
내 안에서 썩~ 물러가라!
그리고 다시는 오지 마라!
내 마음은 내 것이요, 내 자녀의 것이다.
이 마음의 주인은 나다.
더러운 정욕의 숙주기질들아! 내가 명령한다!

추악하고, 사악하고 더러운 일을 멈추라!
내 안은 절대로 네가 활동할 수 없고
더러운 생각들도 이제 다시는 이곳에 들어올 수가 없다!
앞으로 영원히 내 자녀나 내 손자 때도
이 마음과 그들의 안은 우리의 소유이다.
결코, 너는 소유할 수 없다!
더러운 정욕의 숙주기질들아!
내가 명령한다!
썩~ 물러가라!"

이렇게 당당히 선포할 수 있어야 하고
또, 이런 것을 자녀에게도 가르칠 수 있어야 한다.

우리는 사람들을 믿고 육신의 힘을 믿는 사례들을
흔하게 본다.
특히, 이런 일들은 공무원들에게서 자주 본다.
그럴싸한 사람이 장관에 등용되면
처음에는 모두 흥분하고 기대를 듬뿍 한다.
그러나 그 사람의 조그마한 비리라도 발견되는 순간
바로, 실망하고 끌어내리려고 한다.

한때, 우리나라 정계를 떠들썩하게 했던

안 모 교수가 등장하니까 사람들은 모두 흥분하면서
그 신선함에 기대가 부풀어 있었다.
그런데 다운 계약서인가 뭔가가 드러나니까
일부에서는 부정적인 비판의 말들이 많았다.
그리고 막상 기대했던 것보다
실망스러운 정치 행보를 보이자,
이제는 그에게 적지 않은 사람들이 등을 돌렸다.

이것이 사람에게 실망할 때 나타나는 현상이다.
특히 [지도자들의 섹스 스캔들]은
우리의 가슴을 찢어 놓고 실망을 안겨 준다.

2) 정욕이 축복이 되는 방법

정욕이 축복이 되는 방법이 있다.
그것이 뭐냐면,
선으로 악을 이기는 것이다.

이것이 정욕을 물리치는 것이고
이렇게 악에게 지지 않고 **선으로 악을 이길 때**
정욕이 아닌 축복이 나에게 들어온다.

때로는 사람들이 나를 대적해 올지라도
선한 마음을 가지고 오히려 그들을 축복해 주라.
그러면 거꾸로 그들이 패배하고 내가 축복을 받게 된다.

내가 과거의 정욕적인 일들을 반성을 했는데도 불구하고 내 마음속의 정욕의 숙주들은 나에게 계속 다가와서 **죄책감**을 심는다.
그때 **더러운 정욕의 숙주기질들**에게 외치는 앞의 글을
큰 소리로 말하라!

그렇다.
내 허락 없이는 아무도 나를 함부로 건드리지 못한다.
누구든지 더러운 정욕의 숙주기질들에게
당당하게 말할 수 있어야 한다.

나의 옛사람은 수많은 실수를 저질렀는지 모르겠지만 [올바른 기본마음 자세를 가지려는 패러다임 전환을 위한 훈련]을 받은 지금 나의 모든 정욕은 끊어졌고 자유로운 새사람으로서 축복을 받았다고 당당하게 선포해 보라!

내 모든 일에 **선으로 악을 이기는 선한 마음**이
내 생활과 마음속을 지배하도록 하라.

결국 이 모든 것들은
나의 마음 상태와 태도 및 자세에 달려 있다.

이 말은 [올바른 기본마음 자세를 가지려는 패러다임 전환을 위한 훈련]에 달려 있다는 말과도 같은 말이다.

그러므로 내가 [올바른 기본마음 자세를 가지려는 패러다임 전환을 위한 훈련]을 제대로 받았다면 불가능은 없다.
그럴 때 필연적인 배필 문제도 해결될 수 있을 것이고

온 세상을 바꿀 수 있는 지혜와 능력도 공급될 것이다.

이것을 위해서 앞에서 알려 준
올바른 기본마음 자세를 가지려는 패러다임 전환을 위한
첫 번째 과목인 아름답고 긍정적인 말(언어)에 대한 훈련,
두 번째 과목인 선으로 악을 이기는 선한 마음에 대한 훈련을 게을리하지 말라.
이렇게 될 때 필연적인 배필에 대해서도 눈을 뜨게 된다.

이것이 바로, **정욕이 축복으로 바뀌는 방법**이다.

지속적으로 이렇게만 한다면
모든 것은 축복으로 나에게 되돌아오게 될 것이다.

그러나 정욕적인 것들을 가볍게 여기고
또다시 정욕의 길에 발을 딛는다면
지금까지 잘했던 모든 것들은 무의미해지고
다시금 정욕에게 눌리게 되고
나의 필연적인 배필은
자칫 정욕적인 배필로 바뀌어 버릴 수도 있다.

3) 올바른 기본마음 자세를 가지려는 패러다임 전환을 위한 최종 훈련(참된 용서)

정욕에서 승리하는 비결은
사람과는 절대로 싸우지 않는 것이다.
또한 추하고 야비한 사람도 되지 말고
다른 사람을 뒤에서 흠집 내고
악한 소문을 퍼뜨리는 사람도 되지 말라.
차라리 그런 일에는 입을 침묵해 버려라.
그렇지 않으면 자신의 정욕을 다스릴 수가 없다.

나를 대적하는 사람에게 좋게 대하라.
어떻게?
바로 이렇게 말이다.
원수가 주리거든 입히고 목마르거든 마시게 하라!
아니, 그러면 더럽고 치사하고 아니꼬운 것도 참으란 말인가?

그렇다.
악에게는 지지 말고 **선으로 악을 이겨야** 하고

나를 미워하는 자의 멸망을 기뻐하지 말고
그가 재난을 당하는 것을 보고 즐거워하지 말고
상대가 죽기를 구하는 말을 하거나
그의 생명을 저주하거나 하는 입이
되지 말아야 하는데도 불구하고
우리에게 악하게 하는 사람에 대해서
우리는 그렇지 못하다.
그러면서 그것은 생각일 뿐이므로
나쁜 짓이 아니라고 자신에게 위로한다.

그냥 그 사람에게
나쁜 일이 팍 일어나 버리거나
어디로 없어져 버리거나
아예 눈에 띄지 않는 다른 곳으로 이사나 가 버리거나
빨리 죽어 버렸으면 좋겠다고 생각할 때가 적지 않다.
또는 미워 죽겠다고 생각할 때가 있다.
괜히 주는 거 없이 미울 때도 있다.

이것은 절대로
[올바른 기본마음 자세]에서 나온 생각이 아니다.

만약 이러한 마음을 계속적으로 가진다면 그것은 부메랑의 효과처럼 언젠가는 다시 자신에게 되돌아오게 될 것이다.

그렇게 되면 그것이 자신의 정신을 더럽히고 스스로 자신을 심판하고 스스로 자신을 무너뜨리는 꼴이 되어 버린다.

우리는 때때로
"도대체 왜? 나는 잘 안 되지? 문제가 뭘까?"라고 말한다.

우리의 자녀들도 마찬가지로 성인이 되면
전혀 다른 길로 빠져 버리는 경우가 종종 있다.
그러면 부모들은 충격을 받게 된다.
사실 **정욕**은 우리에게 여러 가지 모습을 가지고 다가온다.

돈, 일, 명예 등을 더 좋아하는 것,
권력에 대한 욕심,
자녀들의 반역,
잔혹함, 폭력, 시기, 질투, 분열, 비방,
분노, 성적인 범죄 등의 모습으로 나에게 다가온다.

그중에서 가장 필연적인 배필과 만남을 막는 정욕이
성적인 것이다.

그래서 세상 정욕적인 배필과의 결혼은

엄밀하게 따지면 간음에 해당한다.
왜냐면 성적인 것은 자기 몸에는 물론이거니와
정신에 까지도 아주 심각한 영향을 미치기 때문이다.

간음은 우리를 육체적으로 다치게 할 뿐만 아니라
마음 깊은 곳에 상처를 남긴다.
자녀와 손자들은 이것을 자라면서 보고 배우기 때문에
성장하면 똑같은 정욕적인 일들을 행하게 된다.
즉, 아버지의 정욕의 길을 아들이 그대로 행하게 된다.

이처럼 조상과 부모에게 듣고 보고 받고 배운
기질적인 성향은
행동, 태도의 습관에서도 심지어는 질병에도
그 자녀에게 그대로 나타나는 것을 볼 수 있다.

조상이나 부모로부터 유전적으로
기질적인 성향이나 질병을 많이 이어받은 자일수록
정신적으로 매우 혼탁하고 부정적인 시각을 가진다.
이런 사람일수록 결혼관계도 순탄치 못하다.

만약에 자신이 이러한 성향이 강하다면
훈련으로 **[올바른 기본마음 자세를 가지려는 패러다임]**을 자신의 속에 자리 잡게 하는 데도 많은 시간이 필요하다.

　이러한 성향을 완전히 훈련해서 제거하기 전까지는 부정적인 사고가 사라지지 않고 자기가 원하는 것만 보고 들으려고 할 것이다.

　그것을 우리는 자기가 원하는 것만 선별해서 취한다는 의미로 **뷔페식 마음 자세 즉, 올바르지 못한 선별적인 마음 자세**라고 말한다.
　뷔페에 가면 자기 먹고 싶은 것만 먹지 않는가.

　이런 마음 자세는 전적으로 정욕에서 나온다.
　이런 자들은 만성적인 **[사이코패스나 소시오패스]**가 될 확률이 높은 것은 물론이고 필연적인 배필을 만나는 것도 쉽지 않다.

　우리 본성에 있는 정욕은
　내가 조상과 부모로부터 어떤 기질적인 약점을 물려받고
　태어났는지를 너무나도 잘 알고 있기 때문에
　때가 되면 반드시 그 약점을 파고든다.

　특히, 기질적인 병인 **[당뇨병, 성적인 범죄, 가난]** 등을 **[올바른 기본마음 자세를 가지려는 패러다임 전환을 위한 훈련]**을 통해 결박할 필요가 있다.

물론, 우리는 깨끗해진 후에도 또다시 재발할 수 있다.
그래서 항상 깨어 있어야 한다.
그래야 내가 자유해질 수 있다.

그러므로 **쓴 뿌리(옛사람의 기질)**를 과감하게 잘라 버려라!

쓴 뿌리의 치료는 반드시 [**용서**]를 통해서만 이루어진다.

여기서 용서는 그냥 형식적인 용서를 말하는 것이 아니라 진실되게 마음 깊은 곳에서 우러나오는 영원한 용서,
그리고 영원히 잊어버리는 진정한 용서,
즉 [**참된 용서**]를 말한다.

한마디로 참된 용서가 자신의 성품이 되도록 하라!

본래 인간은 자신 안에 용서의 성품이 이미 주어져 있다.
그래서 마음만 먹으면 언제든지 참된 용서가 가능하다.

그러므로 [**쓴 뿌리**]를 다시는 품을 이유가 없다.

결론적으로 종합하면
[**올바른 기본마음 자세를 가지려는 패러다임 전환을 위한 훈련**]이란

① **아름다운 말과 언어**
② **선으로 악을 이기는 선한 마음**
③ **참된 용서**라는

3가지 과목을 훈련하는 것을 말하는데
이 훈련을 필연적인 배필을 만날 때까지
꾸준하게 할 때 필연적인 배필과의 만남은 보장된다.

이 3가지를 끊임없이 훈련하라!!!

물론 필연적인 배필을 만난 이후에도
부부가 서로를 위해 할 수만 있다면
배필과 함께 죽을 때까지
평생 쉬지 말고 훈련해 보기를 권한다.

· PART 9 ·

필연적 배필을 위한
심리적 측면에서의 기질

그러면 이제 필연적인 배필을 만나기 위한
기질적인 부분을 살펴보자.

지금까지 살펴본 대로 유전공학적인 측면에서 볼 때 모든 심리적인 증상에서 나타나는 기질과 성향들은 뭐니 뭐니 해도 유전적인 요인의 비중이 가장 크다는 것을 알 수 있다.

그러면 지금부터는 심리학적인 측면에서 기질을 살펴보자.

이러한 것들을 알아야
왜 필연적인 배필과의 만남이 소중한지를
더욱 깨달을 수 있다.

앞에서 유전공학적으로 기질을
부모의 어떤 특성이 성격적으로 자식에게 전달되는 현상으로 개인적인 특성과 잠재적인 능력 및 가능성을 포함한 모든 사고, 행동, 패턴 등을 유전적으로 물려받았거나 또는, 보고 배워서 학습되어 전달되는 특성들이라고 정의했다.

그런데 심리학적으로 기질은
인간의 행동에 잠재의식적으로 영향을 주는
선천적인 특성들의 연합으로 정의할 수 있다.

여기에는 지능, 인종, 성, 기타 여러 가지 요인들이 포함되는데 인간은 대부분 부모와 조상들로부터 이 기질을 물려받는 것으로 알려져 있다.

이렇게 볼 때 [심리학적 기질]은
유전공학적인 기질의 정의를 함축하고 있다고 할 수 있다.

심리적 측면에서는 기질을 의학적으로는
[다혈질, 담즙질, 우울질, 점액질]이라는 용어를 사용해
4가지의 기본적인 타입으로 나누어 구분하고 있다.
이건 마치, 인간의 혈액형(A형, B형, AB형, O형, 기타…)과 비슷하다.

다만 기질이 혈액형과 약간 다른 점은 혈액형의 경우는 자기와 관련된 혈액만 몸에 보유하고 있지만**(예: A형이면 A형과 O형만 보유)**
기질의 경우에는 사람들 누구나 할 것 없이
이 4가지 **[기질(氣質: temperament)]**을
몸속에 모두 보유하고 있다는 것이다.

그런데 이 4가지의 기본적인 타입 중에
일반적으로 한 가지의 **주된 기질(이것을 [리더기질]이라고 함)**이

행동으로, 태도로, 자세로, 말씨로, 성격으로, 인격으로, 기본적으로 가장 왕성하게 겉으로 드러나게 되고,

그다음으로 강하게 나타나는 기질은
보조기질로서 역할을 담당하고,
나머지 두 가지 기질은
조금씩, 조금씩 그 주된 기질에 혼합되어서
겉으로 드러나게 된다.

예를 들면,
[**담즙질**]의 기질을 가진 사람은 담즙질이 기본적으로 가장 왕성하게 리더의 성격으로 형성되어 외부로 나타나게 되고,
나머지 3가지 즉, [**다혈질, 점액질, 우울질**]은
담즙질에 부수적으로 조금씩, 조금씩, 상황에 따라서 개인들의 기질과 성향과 개성들이 첨가되어서 나타나게 되는데,
이 3가지 기질 중에서 가장 강한 기질이 보조기질 역할을 하게 된다.

참고로,
다혈질과 담즙질은 **외향적인 성격**이 두드러지고
우울질과 점액질은 **내성적인 성격**이 두드러진다.

정리하면 이렇다.

일반적으로 기질에는

① **타고난 원시적인(유전적) 기질**

② **성격적 기질**

③ **인격적인 기질**이 있는데

먼저, 심리학자들은 기질을 타고난 성품의 결합체,
유전학적으로 국민성, 인종, 성별,
그 외 어떤 유전적인 요인에 의해 형성된
특성들의 연합이라고 주장한다.

결국, 심리학적 기질에는

① **타고난 원시적인(유전적) 기질**

② **성격적 기질**

③ **인격적인 기질**이 다 들어 있다.

[① **타고난 원시적인 기질**]은
유전적 기질로 앞 시간에 살펴보았고

[② **성격적인 기질 즉, 성격(性格: character)**]은
앞에서 말한 타고난 기질에 더해서 어렸을 때의 훈련, 교육, 근본적 태도, 신앙, 원칙 등이 가미되어 형성된 곧, 닦이고 훈련되고 체험, 경험으로 습득되고 습관적으로 체질화된 기질을 말한다.

[③ **인격적인 기질 즉, 인격(人格: personality)**]은

이러한 성격이 다른 사람을 대할 때
표면에 나타나는 태도와 자세의 기질이다.

이러한 것들을
고대 서양의학의 아버지라 불리는 [히포크라테스]가
인간의 체내에 있는 4가지 [체액(혈액, 황색 담즙, 흑색 담즙, 가래)]을 비교해서 **다혈질, 담즙질, 우울질, 점액질**이라는 4가지 타입의 기질로 정리를 했다.

그런데 여기서 주의를 해야 하는 것은
이 4가지 형태의 기질들을
필연적인 배필을 찾는 데 적용하는 것이
자칫하면 아주 위험할 수도 있다는 것이다.

왜냐면 이 기질 때문에 사람들을 지나치게
분석적인 태도로 바라보게 될 수도 있고
"저 사람은 어떤 타입의 유형이네~" 하는 좋지 않은
이상한 고정관념을 가지게 될 수도 있기 때문이다.

이렇게 되면 자칫 참으로 비도덕적이고 비윤리적인 문제는 물론이고 아주 위험하기 짝이 없는 일도 일어날 수 있다.

그래서 기질론 연구가들은
현대판 점쟁이라는 비판이 적지 않다.

이러한 **기질의 탐구**는
오직, 상담치유를 할 때나
자신의 **필연적인 배필**을 찾기 위해
자신을 분석하고 배필을 분별하는 데만,
사용·적용할 것을 당부하고 싶다.

그러므로 다른 사람의 단점과 약점을 평가하거나
정죄하는 데 사용하는 걸
절대 금기시해야 함을 유념해야 한다.
이것을 분명히 명심하고
겸손한 마음 자세로 접근해야 하는 것이
필연적인 배필을 만나기 위한 올바른 기본마음 자세이다.

한때, 〈관상〉이라는 한국 영화가 히트 치면서
사람들 사이에 관상에 대한 열풍이 분 적이 있었다.
그뿐만 아니라 오늘날에는 사람의 인상을 보고
그 사람의 성격을 알아맞히는
인상학이라는 학문을 연구하는 연구가도 있다.

그러나 무엇보다도 중요한 것은 그 사람의 마음이다.
왜냐면 사람의 인상이나 관상은
그 사람이 가지고 있는 속마음에 따라서
겉으로 나타나기 때문이다.

1) 다혈질

그러면 지금부터
4가지 기질에 대해서 세부적으로 살펴보자.

먼저 **[다혈질]**은
감정의 움직임이 재빨라 자극에 민감하고
곧바로 흥분을 잘하지만 오래가지 못하고 바로
식어 버리고 또, 성급하고 인내심이 약한 기질을 말한다.

이러한 다혈질의 장점과 약점을 보자.

다혈질의 장점을 말하자면,
기질 중에는 다혈질보다 더 인생을 즐기는 사람은 없다.

이 기질이 강한 사람은
모든 것들이 자기 위주이고
사물에 대해서

어린애 같은 호기심을 항상 품고 있는 유형이다.

본래 어린아이가 그렇다.
호기심도 많고 주위 의식 안 하고
자기 것에만 관심을 가진다.
그뿐만 아니라 다혈질은
환경에 대한 반응이 굉장히 예민하기 때문에
불쾌했던 일도 환경이 바뀌면 곧잘 잊어버린다.
그래서 생기가 없거나 발랄하지 못할 때가
극히 드물고 웬만한 환경에서도
항상, 휘파람을 불거나 노래를 부르며
행복하게 지내는 타입이다.

[권태]라는 단어는
이 기질이 강한 사람일수록 먼 단어다.
왜냐면 다혈질은 권태를 느끼기 전에
벌써 또 다른 재미있는 일을 찾아 버리기 때문이다.
그래서 다혈질의 사람은
지나간 일을 쉽게 잊어버리고
과거에 골치 아프고 복잡했던 문제들도
머릿속에 남겨 두는 법이 잘 없다.

또한, 미래에 대해서도 별로 신경을 잘 안 쓰는 타입이기 때문에 다가올 곤경에 대해서도 잘 실망하거나 두려워하지도 않는다.

대신에 미래에 대한 계획성이 없는 편이다.

그저 현재, 현실에 따라서 살기 때문에

낙관적인 타입의 기질이다.

사소한 일에서도 잘 기뻐하고 즐거워하고 행복해한다.

다혈질의 사람들은

쉽게 새로운 계획을 세우기를 좋아하기 때문에

이러한 풍부한 열정 덕분에

때로는 다른 사람들까지도

그러한 일에 함께 참여하도록 만들기도 한다.

다혈질이 강한 사람들은

서로의 슬픔과 기쁨을 나누면서 여러 사람에게 둘러싸여 있는 것을 좋아하고 새로운 친구 사귀기를 굉장히 좋아하는 타입이다.

한 마디로 다혈질의 사람들은

사람 사귀기를 굉장히 좋아한다.

[부드러움과 동정심]은 다혈질의 훌륭한 재산 중의 하나다.

도움이 필요한 사람에게는 다혈질보다 더 순수하게 대해 줄 수 있는 사람은 없다.

다혈질의 사람들은 문자 그대로 다른 사람이
좋고 나쁜 기분을 함께 공감해 줄 수 있는 타입이다.
흔히 말하는 **두리뭉실한 사교적인 타입**이라고 볼 수 있다.

이 기질의 사람이 **[상담가나 정신과 의사]**라면
훌륭한 태도로 환자를 다룰 것이 틀림없다.

다혈질 사람이 엄숙한 태도와 자세를 취하게 되면
가끔은 다른 사람들로부터 오해를 받을 소지도 있다.
그래서 다혈질은 자신의 감정이
너무 급속도로 변환되는 것에 주의해야 한다.

다혈질의 사람들은 누구보다도 더,
다른 사람들을 사랑하고 용서하는 일을 잘할 수 있다.
결국, 이 세상은 이렇게 쾌활하고 반응이 빠른 다혈질의 사람들 때문에 유쾌하고 재미있게 살아갈 수 있게 되는 것이다.

이러한 다혈질에도 약점은 있다.

[다혈질의 약점]으로는
기질상 [끊임없는 활동]을 하려는 데 있다.
그 활동을 자세히 조사해 보면
휴식 없는 움직임에 지나지 않는다.
때로는 비현실적이고 무질서할 때가 적지 않다.

다혈질의 감정은
쉽게 흥분하고 급한 성질 때문에
일의 전체를 심각하게 분석해 보기도 전에
그릇된 방향으로 이미 일을 진전시켜 버린 경우가 흔하다.

한마디로 [침착하지 못한 결점]이 있다.
그래서 이렇게 침착하지 못한 성격 때문에
모범적인 학생은 되지 못한다.

만약 다혈질의 이러한 불안정한 활동상태가 일생 동안 계속된다면 결국, 이 사람들은 아무런 열매도 맺지 못하고 자기의 잠재능력을 다 발휘하지 못하는 사람이 되어 버릴 것이다.

결론적으로 다혈질의 사람은
항상, 박력이 넘치고 동적인 성격에 따라서 행동을 한다.
그래서 때로는 이런 태도가 다혈질의 약점을 보이지 않게 커버

해 주는 역할을 하기도 한다.

다혈질의 사람들에게 있어서 가장 크고 근본적인 문제는 **[의지가 약한 점과 세련된 면이 부족한 점]**이다.

한마디로 **[다혈질이 강한 사람들]**은
일은 곧바로 잘도 시작하면서 의지가 약하기 때문에
끝마무리를 제대로 못 맺는 용의 머리에 뱀 꼬리
즉, **[용두사미]** 형상의 위인들이 될 수 있다.

자신의 시간, 문제, 능력, 그 외의 여러 가지 책임에 대해서 깊이 생각해 보는 일은 이 사람들에게는 별로 관심이 없다.

왜냐면 자기 능력에 한계를 잘 모르고 또, 자신의 능력의 한계를 잘 인정하지 않기 때문에 다혈질은 몇몇 사람의 리더로서는 훌륭하게 일을 할 수 있을지는 몰라도 그룹의 전체 일을 조직적으로 하는 것은 어렵다.
물론, 이것은 고의적인 것은 아니다.

그리고 다혈질의 사람들은
자기의 약속과 결실과 책임들을 쉽게 잊어버리는 타입이기 때문에 정확한 시간 약속 이행을 기대하지 않는 것이 좋다.

다혈질의 사람들은
결실을 잘 맺는 사람도 아니고 충성스러운 사람도 아니다.
때로는 **[쾌활한 성격과 활발한 대인관계]**로 인해서 동료들 가운데 일찍 사회적으로 훌륭한 지위에 앉게 되기도 하지만 여기서도 역시 타고난 개인주의적 태도를 보여 주는 경우가 적지 않다.

대화에 있어서도 자기 자신뿐만 아니라 자기가 관심을 가지는 일들에 대해서만 자기 혼자서 신나게 떠들면서 남들도 자기처럼 모두 다 그 일에 대해서 관심을 갖고 있으려니 하다가 주위 사람들의 눈총을 받기 일쑤다.

다혈질의 사람들이 쉽게 용기를 얻는 것은
[감정적 불안정성]으로 인해서 반사적으로 나타나는
[자기방어를 위한 용기]인 경우가 대부분이다.

반대로 자신의 약점을
몹시 유감스럽게 생각하기도 하는 성향도 있다.
또한, 다혈질의 사람들은 성격이 온화한 것 같아도
화를 버럭 내는 경우가 많고 한번 폭발한 후에는
그것에 대해서 잘 잊어버리기도 한다.
그리고 곧바로 사과도 잘한다.
그래서 남에게 쉽게 상처를 입혀 놓고서도

자신은 건재할 수 있는 기질의 타입이다.

다혈질은 똑같은 일에 대해서
여러 번 후회하고 고백하는 버릇이 있다.
"아이구~! 그때 그럴걸, 그때 그것만 안 했더라면~!" 하는 것을 계속 곱씹는 타입이다.

다혈질처럼 육체에 욕심의 유혹을 잘 받는 사람도 드물다.

다혈질 기질이 강한 사람들은 정서적으로 매우 감수성이 예민하기 때문에 다른 타입의 사람보다 쉽게 유혹에 빠진다.

결국, 다혈질은 의지가 약해 육체에 욕심의 유혹에 많은 시간을 허비하는 사람이기 때문에 필연적인 배필을 만나기도 전에 정욕적인 사랑에 빠질 확률이 높은 기질이기도 하다.

2) 담즙질

이번에는 **[담즙질]**에 대해서 살펴보자.

담즙질은
"침착하고 냉정하며 인내력이나 의지도 강한 반면에 냉혹하고 거만하기도 한 영웅호걸에게 많은 기질"을 말한다.

이러한 **[담즙질의 장점]**으로는
[의지가 강하고 독립심]이 있다.
또, 자신 스스로 자신의 능력을
크게 신뢰하는 편으로서 투쟁력이 굉장히 강하다.

다혈질처럼 항상 활동하는 사람이기는 하지만 그 계획은 다혈질의 계획과는 질적으로 완전히 다르게 조직적이고 의미가 있다.

다혈질의 왕성한 활동이 기계적이고 무의미하고 불필요한 일에 에너지를 많이 허비하는 가치 없는 활동이 많지만 담즙질은 계획적이고 주도면밀하고 가치 있고 **[모두 의미가 있는 활동들]**이 주류를 이룬다.

담즙질의 가장 큰 특징이면서 장점은,
그 일이 어떤 일이든 **[한번 시도했던 일은 무슨 일이 있어도 끝장을 보는 기질]**이다.
목적을 달성할 때까지
줄기차게 밀고 나가는 기질의 유형이다.

쉽게 말해서,
"이번엔 이 한 가지 일만은 어떡해서든 성공시키고 말겠다"는 식으로 일에 혼신의 힘을 다 쏟고 골몰하는 기질의 유형이다.
그렇다고 계획을 복잡하고 치밀하게 계획하는 것도 아니고 그냥 단순하게 어떤 일을 계획하더라도 반드시 그 일을 성취하고야 마는 유형이다.

담즙질이 성공을 잘 거두는 이유 중에 가장 큰 요인은 어떤 훌륭한 계획보다도 **[단순 무식한 결단력과 일에 대한 집착력]** 때문이다.
저돌적으로 밀어붙이는 **[불도저형]**이라고 보면 된다.

다만, 담즙질은 어떤 부분에서 볼 때는 생활의 현실적인 면에만 지나치게 치중하는 경향을 보이기 때문에 담즙질이 강한 사람

들을 보면 모든 사물을 **[실리성과 실용성]**을 기준으로 해서 다루려고 하고
  또, 자기가 가치 있는 일에 종사하고 있다고 확신할 때만 행복감을 느끼는 유형의 기질이다.
  한마디로 **[철저한 현실주의자]**다.

  특히 단체적인 일에 대해선 무척 호감을 가지고 참여하고자 하기도 하지만 그것이 실무적인 일까지 연결이 되면 실증을 잘 느끼는 기질이다.

  또한, **예민한 관찰력**을 가지고 있기 때문에 순간순간의 상황을 아주 빠르게 잘 파악하기도 하고 그 일을 가장 실질적인 방법으로 해결해 내는 능력도 가지고 있다.

  담즙질의 기질이 강한 사람이 **[내과, 외과 의사]**라면
  특별히 긴급환자들을 잘 돌볼 수가 있다.

  담즙질이 내리는 결정들은
  이성적인 분석보다는 **[직감]**에 의한 경우가 많다.
  세상의 **[점쟁이들이나, 무당들, 철학자, 목회자들]** 중에서 이 담즙질이 강한 사람이 많다.

담즙질은 원래, **[지도자적인 자질]**을 다분히 지니고 있기 때문에 강력한 기질의 의지적 결단은 그룹을 이끌기에 충분하고

또, 모든 사람의 훌륭한 판단자가 되어 주기도 하고 긴급사태에서는 빠르고 대담한 태도로 일을 처리해 나가는 기질의 소유자이기도 하다.

담즙질이 주도적인 기질의 소유자가 지도자로 임명되면 곧바로, 그 직분을 수락하기도 잘하고 때로는 스스로 자원해서 일을 맡고 나서는 경우도 흔하다.

한마디로, **[모든 일을 자원해서 떠맡는 사람]**으로 볼 수 있다.

담즙질은 다른 사람들에게 거만하게 대하지만 않는다면 다른 사람으로부터 전폭적인 지지와 도움까지도 쉽게 받을 수가 있는 좋은 기질이다.

담즙질도 다혈질과 마찬가지로 천성적으로 자기 신뢰가 강하기 때문에 항상 **[낙관적인 생활]**을 하는 것을 좋아한다.

새로운 일을 시도해 보기 위해서 현재 자신의 환경과 생활이 안전하고 편안하더라도 그 편안하고 안락한 환경까지도 기꺼이

내팽개칠 만큼 모험적인 기질이 강력하다.

항상, 남들보다 앞장서는 **[개척 정신의 사고방식]**을 가지고 그 누구보다도 모든 일에 앞장서서 나아가는 기질이다.

이러한 강력한 개척정신은 어떤 일의 상황을 평가할 때에도 도중의 함정과 잠재되어 있는 문제점을 보지 않고 오로지 목표에만 중점을 두는 기질이기 때문에 아무리 어려운 일이 일어나도 담즙질이 강하면 자신감을 가지고 헤쳐 나갈 수가 있다.

역경은 담즙질이 강한 사람에게는 아무런 문제가 안 될 뿐만 아니라 실망도 잘하지 않고 도리어 역경을 통해서 그 일을 꼭 완수해야겠다는 욕망을 더욱 강력하게 갖게 하는 윤활유 역할만 할 뿐이다.

이러한 담즙질에게도 아주 고약한 큰 약점들이 적지 않다.

가장 큰 것으로는 **딱딱함과 냉정함과 화를 잘 내는 것과 성급하고 오만한 점**이다.
담즙질은
감정적으로는 정말로 무딘 사람이라고 볼 수가 있다.

담즙질에게

동정심이라는 것을 감상적이고 쓸데없는 짓일 뿐이다.
감정적인 문제에도
뻔뻔스러운 행동들을 스스럼없이 잘하는 타입이다.

특히, [급한 성미]가 담즙질의 특징인데
화를 곧잘 잘 내기도 하고 또, 한 번 화를 낸 후에는
다혈질처럼 금방 잊어버리는 것이 아니라
자기가 불쾌하게 느꼈던 일에 대해서는
그것이 풀릴 때까지 끝까지
[원한을 계속 품는] 좋지 않은 버릇을 가지고 있다.

한마디로 〈복수는 나의 것〉이라는 영화 제목처럼 심한 복수심 때문에 실제로 자기에게 해를 입힌 사람에게 또다시 보복하기를 주저하지 않고 즐기는 아주 잔인하고 나쁜 버릇을 가지고 있다.

이렇게 잘 분개, 분노하는 기질은 그 자신의 생활을 편안하게 하지 못하게 만들어 버리기도 하고 스스로 자신을 바람직한 사람이 되지 못하게 만들어 버리는 요인이기도 하다.

그래서 40세 이전에 궤양으로 고생하는 사람 중에는
담즙질을 강하게 소유한 사람들이 적지 않다.
주변 사람 중에서 40세 이전이고 궤양이 있다면 담즙질이 그

사람의 리더기질이라고 봐도 틀리지 않을 것이다.

  담즙질은 **[묘한 잔인성]**을 가지고 있기 때문에 자기의 목적달성을 위해서는 수단과 방법을 가리지 않고 다른 사람들의 감정과 권리를 무시하고 무참하게 짓밟아 버리는 경향이 있다.
  그래서 잘못된 길로 빠지면 **사이코패스**가 될 확률이 높으므로 담즙질이 강한 사람은 어릴 적부터 강한 도덕적 기준의 훈련을 제대로 가르치는 것이 아주 중요하다.

  만약에 담즙질이 강한 사람에게 어릴 적부터 강한 도덕적 기준의 훈련을 제대로 가르치지 않는다면 그 사람은 성인이 되어서 자신의 성공을 위해서는 수단과 방법을 가리지 않고 법률을 어기거나 어떤 교활한 방법을 사용해서라도 자신의 목적을 달성하려는 잔인성을 보여 주기를 주저하지 않는 **[소시오패스]**가 될 확률 역시 높다.
  전 세계적으로 수많은 **[희대의 몰염치한 범죄자들과 독재자들]**이 바로, 담즙질 타입의 사람들이다.

  담즙질의 또 다른 허물로서는 **[강한 결단력]**이 있다.

  강한 결단력이 너무 지나쳐서 오히려 나중에 골치 아픈 문제나 스스로 후회가 될 과격한 문제가 발생하게 되면 스스로 자신이 자신을 궁지에 몰아넣는 꼴이 되어 버린다.
　다만 담즙질이 강한 사람은 자신만만한 사람이기 때문에 완강하게 이런 문제들에 대해서 끝장을 보고 만다.

　담즙질에게는
　사과한다는 일은 있을 수 없는 일이고 불가능한 일이다.
　골치 아픈 문제나 나중에 스스로가 후회할 과격한 문제가 발생하게 되면 많은 경우 인정이 없고 퉁명스럽고 냉소적인 말을 냉정하게 내뱉기도 한다.

　또한, 남에게 동의하는 것도 담즙질에게는 어려운 일이기 때문에 담즙질은 결혼을 하게 되면 배우자와의 관계에서 **[동의해 주는 문제]**에서부터 거리감이 생기기 시작할 수도 있다.
　자제력을 발휘해서 자기 아내를 때리지는 않을지라도 더 잔인한 방법으로 아내를 다룰 게 분명하다.
　예를 들면,
　물리적인 폭력이 아닌 다른 폭력적 방법인
　[언어폭력, 갑질, 왕따] 등등
　결국, 담즙질의 **[강한 독립심과 자만심]**이
　자신을 **[거만한 사람]**이 되게 만들어 버린 것이다.

　인격이 덜 된 담즙질의 소유자라면 어떤 일에 조금만 성공하기만 하면 아주 거만하고 어떤 일에 대해서 세도를 부리기도 하고 그것이 지나쳐서 상대에게 불쾌감을 주기도 한다.

　이처럼 담즙질은 여러 가지 능력을 가졌음에도 불구하고 그 인격을 다듬지 않는다면 이러한 불쾌한 성품으로 말미암아 자신에 대해서 주변 사람들이 싫증을 느끼게 만들어 버리고 또한 사람들에게 **'누가, 저 사람의 비위를 맞출 수나 있겠어?'**라는 생각을 하게 만들어 버린다.

　결국, 담즙질은 자기 자신이 저지른 나쁜 행동보다도 목적을 달성하기 위한 성공 그 자체를 더 좋은 일로 보고 거기에만 중점을 두는 기질이다.
　아이러니하게도 세상에서는 이런 사람들이 잘 먹고 잘사는 것을 보면 참으로 신비 중 신비이다.

　그래서 담즙질은 필연적인 배필을
만나는 경우가 극히 드문 기질 유형 중 하나이기도 하다.

3) 우울질

이번에는 [우울질]에 대해서 살펴보자.

우울질은
"어떤 자극에 대하여 반동을 일으키는 것은 더디지만 한번 반동을 일으키기만 하면 그 정도가 강력해서 늘 불쾌한 감정에 지배되는 기질로 명랑하지 못하고 어둡고 답답해지기 쉬운 성격의 기질"을 말한다.

이러한 [우울질의 장점]으로는 다른 어떤 기질보다도 가장 [**풍성하고 예민한 성품**]을 들 수 있다.

그리고 다른 어느 기질보다도 더 많이, 더 깊이 무엇을 감상하기를 좋아하고 또한, 예술 부분에서도 그 누구보다 뛰어난 소질을 발휘할 수 있는 좋은 점을 가지고 있다.
비록, 정서적으로도 예민하지만 다혈질과는 달리
자기의 감정을 통해서 심사숙고하는 기질이다.

우울질이 강한 사람은 창작적인 추리가 능수능란하기 때문에 한창 상상력이 활발할 때는 정말 가치 있고 건전한 창작물을 내기도 한다.

우울질은 또한, [완전, 완벽주의자]이기 때문에 남들보다 더 높은 곳에 훌륭함의 기준을 두고 있는 것은 물론이고 어느 분야라도 수용하는 포용력은 다른 기질이 따라오지 못할 정도로 넓다.
그래서 우울질이 강한 소유자일수록
로댕처럼 깊이 생각하는 사람이다.

과거에 이루어진 일들과 결정들을
언제나 다시 한 번 생각하면서,
'만약, 기회가 그때처럼 새로이 주어진다면 좀 더 훌륭히 그 일을 처리할 수 있을 텐데~!' 라고 아쉬워할 줄 아는 기질이다.

앞의 다혈질이
"아이구~! 그때 그럴걸, 그때 그것만 안 했더라면~" 하는 식으로 똑같은 일에 대해서 여러 번 후회만 하듯 계속 곱씹기만 하는 타입이라면,
우울질은 다혈질처럼 후회만 하면서 괜히 곱씹기만 하는 것이 아니라 과거에 잘못 이루어진 일들과 결정들에 대해서 깊이 자기반성을 할 줄 아는 기질이다.

이것은 두 번 다시는 그런 실수를 반복하지 않겠다는 굳은 의지적 다짐에서 나온 회개의 발로라고 볼 수 있다.

우울질은 분석력이 뛰어나다.
이 **[뛰어난 분석력]**이 자신의 독특한 개성인 **[완전, 완벽주의자적인 성품]**과 합성되어 일의 세부적인 내용을 파악하는 데 능력을 확실하게 발휘하기도 한다.

만약에 다혈질이나 담즙질과 같은 사람으로부터 어떤 기획에 협조 요청을 받거나 지시가 주어지면 우울질은 그것을 예리한 예지력을 가지고 즉시 분석해서 다른 기질들이 알지 못하고 깨닫지 못하는 장래에 부딪치게 될 여러 가지 숨은 문제점들을 선별해서 골라내 주는 능력을 발휘하기도 한다.

때로는 우울질은 자신이 분석해 놓은 이러한 문제들 때문에 그것을 이해하지 못하는 사람으로부터 극심한 반대에 부딪칠 때도 많다.
우울질 입장에서는 자기가 분석한 문제들이
자기가 볼 때는 아주 중요한 것이다.

따라서 이러한 분석적인 능력과 태도를 기초로 해서 우울질이 강한 사람들은 **수학, 이론적인 과학, 의학, 건축학, 철학, 창작문학,**

그 외 면밀한 걸 필요로 하는 일에 적합한 기질의 소유자라고 볼 수가 있다.

그리고 다행스럽게도 우울질의 기질이 강한 사람들은 충성스러워지려고 일부러 애쓸 필요가 없는 것이 우울질 자체가 아주 충성스러운 기질이기 때문이다.

우울질의 사람들은
다혈질처럼 그렇게 많은 사람을 사귀려고 하지는 않는다.
그러나 한번 사귄 사람은
문자 그대로 그 친구들을 포용하고 희생하는 타입이다.

정리하면 이렇다.

어떤 일을 주어진 시간에 끝까지 이끌고 나가서 완성해 놓는 것에 대해서는 우울질의 사람들을 언제까지나 신임해도 좋다.
그리고 우울질은 앞에 나서서 일하는 타입이 아니라
뒤에 숨어서 일하기를 더 좋아하는 타입이다.

우울질이 강한 사람 중에는
때로는 지극히 희생적인 직장을 택하는 경우가 가끔 있는데 그것은 자기 동료들의 발전과 이익을 위해서 자기 자신을 희생하고 자 하는 강렬한 욕망 때문이기도 하다.

그래서 우울질의 사람들은 자기 능력의 한계를 너무나도 잘 알기 때문에 자기가 할 수 없다고 판단되거나 생각되는 일은 웬만해서는 잘 맡으려고 하지 않는다.

그렇기 때문에 자기의 생각이나 주장을 자진해서 잘 발표하려고 하지도 않고 덮어 두는 경향도 적지 않다.
그렇더라도 의견을 발표해 달라는 요청을 받았을 때는 그야말로 자기 자신의 독특한 의견을 가미해서 개성미 넘치게 발표하기도 한다.
그렇다고 다혈질처럼 함부로 말을 많이 하지 않고
자기의 의견을 발표할 때도 보면 꽤 야무지게 잘한다.

물론 우울질에게도 약점은 있다.

[우울질의 약점]은
지나칠 정도로 **[자기중심적이고 이기적]**이라는 것이다.

기질 연구가 할레스비 박사는 우울질에 대해서 말하기를,
**"우울질은 어떤 타입의 사람들보다도 가장 자기중심적이다.
항상, 심사숙고하고 반성하는 형이기는 하지만 이런 성품은 오히려 우울질의 의지와 정력을 마비시켜 버리기도 한다.**

우울질은 항상 자기 자신과 자기의 정신적인 상황을 해부하기를 좋아해서 양파껍질을 벗기듯이 자신을 한 층, 두 층 계속 벗겨 가다가 마침내는 우울질 스스로 생활에 직접적이고 자연스러운 면이 하나도 남지 않게 만들어 버린다.
　　그래서 결국 남는 것은
오로지 영구한 자기반성만 남게 된다.
　　그러나 이런 자기반성은 이익이 되는 것이 아니라
오히려 우울질 자신에게 해를 줄 뿐이다!" 라고 묘사하기도 했다.

　　그래서 우울질은
병적인 정신 상태에 빠질 때가 적지 않다.
또, 우울질은 접하는 문제마다
지나치게 큰 문제로 보는 나쁜 습관이 있다.
즉, 사소한 것까지도
심각한 문제로 보는 약점을 가지고 있다.

　　결국은 다른 사람들과 달리 우울질은
유난히 쉽게 우울증 환자가 될 소지를 타고났다.

　　사실 우울증은 다른 기질도 다 걸리는 증세다.

　　그러나 유달리 우울질이 가장 우울증에 잘 걸린다.

물론, 그렇다고 그것 때문에
우울질이라고 이름을 붙인 것은 아니다.

우울질의 이런 자기중심적인 태도는
자신의 예민한 성격과 연합하게 되면
[공격적이고 모욕적인 언행]으로 간혹 나타나기도 한다.

그래서 우울질이 강한 사람일수록 기분의 변동이 날씨처럼 지나치게 기복이 심하기 때문에 문자 그대로 **[감정을 항상 머리에 얹고 다니는 타입]**이라고 말할 수가 있다.
때로는 곧잘, 남을 의심하기를 잘해서
부정적인 좋지 못한 방면으로 계속 상상하기도 한다.

[의처증 환자들]은
거의 우울질 기질이 리더 노릇을 한다.

예를 들면,
어떤 두 사람이 저쪽에서 소곤소곤 얘기하는 것을 보게 되면 우울질이 강한 사람의 눈에는 대뜸 그들이 자기에 관해서 험담한다고 단정해 버린다.

또는 아내가 외출해서 일정한 시간까지 들어오지 않거나 전화도 없으면 걱정을 하기보다는 다른 남자와 이상한 짓을 하지나 않을까 하는 의심부터 하기 시작한다.

이런 생각이 심하면 남을 변태라고 몰아붙여 버리기도 하고 냉대하고 박대하기도 하는 콤플렉스를 보이게 된다.

우울질은 자신의 완전, 완벽주의적이고 분석적인 성품 때문에 비판, 비관적인 사람이 되는 경우가 적지 않다.
그래서 우울질이 강하게 몸에서 발동할 때는
혼자 두거나 혼자 있게 해서는 안 된다.

한마디로 우울질은 어떤 일이나 목적들을 예지력을 가지고 예리하게 참으로 잘 내다보기도 하지만 어떤 일의 도중에 생길 문제에 대해서 더 많이 생각하다 보니까 비관적이 되어 그 일에 대한 결단을 내리지 못하고 두려워하는 마음 때문에 갈팡질팡 갈등하는 경우도 적지 않다.
왜냐면 그것이 자기가 생각하는 완전이라는 기준에
맞지 않기 때문에 싫은 것이다.

결국, 비판적인 면에선 우울질을 따라갈 사람이 없다.

우울질은 다른 사람들이 최선, 최고에 도달하지 않으면 그 사람을 대접도 잘해 주지도 않는,

아주 사람을 차별화하는 갑질의 고약하고
나쁜 사고를 가지고 있기도 하다.
 그래서 우울질을 리더기질로 가진 많은 완전주의자가 자신의 배우자가 자신이 기대했던 것의 90%밖에 미치지 않는다는 이유로 행복했던 결혼생활을 파괴해 버리기도 한다.

 한마디로, 우울질은 자신의 필연적 배필까지도
갈아치워 버릴 위험성이 농후한 기질이다.
그리고서는 세월이 흐른 후에 통렬한 후회를 한다.
그러나 한번 건넌 다리는 무너져 버렸기 때문에
다시는 돌아갈 수가 없다.

 이처럼 우울질에서는 자그마한 실수도 자신의 완전주의라는 안경을 통해서 보면 모두 드러나게 되어 있기 때문에 많은 좋은 점을 보는 대신에 반대로 지나치게 부정적이고 나쁜 점도 과장해서 보는 안타까운 약점을 지닌 기질이다.

 결혼문제에 부딪혔을 때도 필연적 배필을 택하는 일에 우울질의 사람들은 최종적인 결정을 내리지 못하고 주저할 때가 많다.

 멀리서 여자를 보고 이상화해서 저 여자와 사귀게 되면 그녀가 아무리 아름답게 생겼을지라도 역시 단점을 지닌 인간에 지나지 않는다는 사실을 알게 되고 바로 그 단점 때문에 그녀와 결혼하기를 주저한다.

그러나 자신의 필연적 배필도 자신처럼 단점이 있는 반면에 많은 장점도 가지고 있다는 것을 이해하고 수용하고 포용해 줄 줄 알아야 진정하게 참된 필연적 배필을 만날 수가 있다.

왜냐면 자신의 필연적 배필은
자신과 닮은꼴이기 때문에
결국 자신에게도 그 장단점이 분명히 있다.

그래서 어떻게 보면 이 장단점이
필연적 배필을 찾는 데 필요한 근거가 될 수도 있다.

기분이나 감정의 변화의 기복에서도
우울질을 따를 사람이 없다.
시시때때로 고조된 감상에 빠지기도 잘한다.

또한, 우울질의 변덕스러운 기분은
때로는 좋지 못한 일을 발생시키는 요인이 되기도 한다.
즉, 우울질이 강한 사람이 우울질의 좋은 장점들만 정상적으로 활동할 때는 우울질을 사람들은 좋아한다.

그러나 만약에 우울질이 자신의 단점들을 아무 이유 없이 드러내고 갑자기 심한 우울증에 빠져 버리면 사람들은 우울질을 싫어하는 것은 어떻게 보면 당연하다 하겠다.

그렇게 되면 자연히 다른 기질의 사람들은 우울질의 사람들을 피하게 되고 우울질의 사람은 예민한 사람이다 보니까 이 사실을 금방 알아차리고서는 더욱 우울한 감정에 빠지게 된다.

'**나는 왕따다, 나는 혼자다!**' 하면서 말이다.

그래서 우울질의 심령은 표면상으로 볼 때는 조용하고 평온해 보이지만 마음속에서는 격렬한 증오심과 불길 같은 적대감이 끓어오를 수도 있다.

물론, 담즙질 같으면 당장 이러한 증오심, 적대감을 직접 행동으로 나타내겠지만 우울질은 그것을 즉시, 행동으로 나타낼 수 있는 용기도 없다.

오히려 수년간을 이런 증오심과 보복감, 적대감을 심령에 품은 채 지낸다.

이렇게 남을 용서해 주지 못하는 성품과 보복하려는 그릇된 욕망은 때로는 자신의 훌륭한 자질까지 지배해 버리기 때문에 결국은 뛰어난 자질을 드러내지 못하게 하기도 하고 자신이 편견을 가지고 어떤 결정을 하게끔 만들어 버리기도 한다.

이렇게 해서 우울질의 장단점을 살펴보면서
흥미로운 사실은,
매우 훌륭한 장점과 잠재능력이 있는 천부적인 기질이라도 그 안에는 반대로 아주 큰 단점이 함께 들어 있다는 것을 알 수 있다.

이 말은
100% 순수한 우울질,
100% 순수한 담즙질,
100% 순수한 다혈질만 가진 사람은
없다는 말이기도 하다.

그래서 우울질이든, 담즙질이든, 다혈질이든 자기의 장점을 충분히 발휘함으로써 동료들보다 우수한 위치에 서든가 그렇지 않으면 약점으로 인해서 신경질과 수치심에 뒤덮이고 자신을 즐기지도 못하고 남을 즐겁게도 못하는 우울증 환자가 되어서 동료들보다 열등한 위치로 떨어지게 되든가 둘 중 하나가 될 것이다.

결국, 자신의 기질적 장점은 잘 살리고
단점은 잘 훈련하고 보완해야
자신의 필연적 배필을 만나는 데도
분별력이 주어지게 될 것으로 보인다.

4) 점액질

마지막으로 [**점액질**]에 대해서 살펴보자.

점액질은
"**감정이 차가우며 활기가 적고 자극에 대한 반응이 둔하지만 그 대신 거침없는 유머 기질이 있고 의지가 강하고 끈기 있는 성질의 기질**"을 말한다.

이러한 [**점액질의 장점**]은 [**거침없는 유머 감각**]이다.

이것은 점액질의 장점이
어떤 일을 신중하게 마음속에 품고 있는
사람이 아니라는 것을 보여 준다.
또한, 세상적인 일에서
재미를 발견하려는 기질이기도 하다.

특히, 너스레를 떨면서 시치미를 뚝 떼기도 하는 점액질의 장점의 거칠 것 없는 듯한 유머가 다른 사람들을 곧잘 웃기는 것을 보면 점액질은 유머와 상상력의 재능은 타고난 사람이라고 할 수가 있다.

점액질은 [카운셀러]가 되기엔 안성맞춤인 기질이다.

사실, 다혈질이나 담즙질이 강한 사람들은 다른 사람의 고민이나 이야기를 오랫동안 앉아서 들어 주지 못한다.
그런데 점액질은 느리고 태평스러우면서 유연한 태도로 남의 얘기를 다 들어 줄 줄 아는 좋은 점이 있다.

이건 대인관계에 아주 큰 무기가 되기도 한다.
또한, 고민을 말하는 사람과 자기 자신을 동일하게 보지 않으면서도 객관적으로 그 고민을 들어 줄 줄을 안다.

그뿐만 아니라 고민을 들었다고 해서 즉시 바로, 충고의 말을 불쑥 쏟아 내놓는 것도 아니고 차근차근 대화를 나누어 풀어 주는 기질이다.

특히, 점액질은 명랑하고 훌륭한 성품뿐만 아니라 책임감과 시간적 계획을 잘 지키는 면에서도 믿을 만한 사람이다.

우울질처럼 아주 충실한 친구가 되어 주기도 하지만 그렇다고 친구에게 완전히 빠지지도 않으면서 또한, 불충실하게 대하지도 않는 유형의 타입이다.

물론, 점액질도 역시 실제적이고 현실적이면서
능력이 나름대로 충분히 있는 기질이다.
다만, 깊이 사고하고 생각하는 데 많은 정력과 시간을 소비하기 때문에 그 결과 어떤 일의 상황을 잘 분석할 수 있는 장점이 있다.

점액질이 강한 사람일수록 어떤 것을 결정하는 데
기분에 따라서 즉흥적으로 결정을 내리는 사람은 없다.

반면에 적은 노력을 들여서
일을 완수할 실제적인 방법을 찾을 줄 아는 사람들이다.
한마디로, 괴로움 속에서도
일을 태평스럽게 잘하는 타입이라고 볼 수 있다.

실제로 다른 사람들은 꼼짝도 못 할 환경에서도 점액질은 오히려 더 열심히 그리고 느긋하게 일할 수 있는 기질이다.
그렇다고 일을 엉망으로 얼렁뚱땅하는 타입도 아니고 항상 훌륭하고 깨끗한 결과를 만들어 내는 타입이다.

비록 완전, 완벽주의자는 아니지만 어떤 것에는 항상, 차분하게 꽤 높은 수준의 정확성과 정밀성을 지니고 있기도 하다.
 그래서 바쁘게 크나큰 일을 하더라도 점액질의 책상을 보면 항상 깨끗하게 정리, 정돈이 잘되어 있다.

 이런 것을 보면 다른 능동적이고 소란스러운 기질의 사람들은 항상, 점액질의 이러한 면에 놀라기도 한다.

 점액질은 모든 것을 적재적소에 놓고 일을 하면 훨씬 쉽게 할 수가 있고 시간도 절약된다는 것을 아는 사람이다.
 한마디로
 정리, 정돈 잘하는 습관을 가진 사람이라고 할 수 있다.

 그렇다고 점액질이 단점이 없는 것은 아니다.
 점액질도 좋지 못한 단점이 적지 않다.
 점액질의 가장 큰 단점은 **게으르다는 것**이다.

 가끔 발을 질질 끄는 상태로 다니기도 하고 자기 의사에 반해서 어떤 자극을 받아 행동하는 것을 아주 싫어하고 가능한 한 느리게 움직여 나가는 타입이다.
 이것을 나쁜 표현으로 하자면 목적이 없는 생활을 사는 유형같이 보이기도 한다.

그래서 목적 없는 점액질의 생활은 **[방관자의 생활]**이요,
어떡하면 움직이지 않을까 연구하는 타입이다.

이런 성품 때문에 자신이 생각하고 있고 또, 능히 이끌어 나갈 수 있는 일임에도 불구하고 그 일의 인도자가 되지 못하는 경우가 점액질의 사람 중에서는 적지 않다.
왜 그렇게 되느냐면 점액질의 기질의 눈에는 모든 일이 오로지 너무 지나친 일로 보이기 때문이다.

예를 들면,
다혈질의 불안정성과 담즙질의 거침없는 활동은 점액질의 눈에는 때로는 자기를 심하게 괴롭히는 것같이 느껴지기도 한다.
왜냐면 점액질은 다혈질과 담즙질이 자신을 자극해 일하게 만들까 봐 항상 두려워하고 있기 때문이다.

점액질 역시도 **[이기심]**이라는 약점을
발휘하는 데는 다른 기질에 뒤지지 않는다.

이기심은
인간의 타락한 본성의 하나로서 어느 기질에나 다 있다.
그중에서 점액질이라면 이러한 이기심이 해가 갈수록 자기 자신을 옹호하려는 본능 때문에 더욱 뚜렷하게 나타난다.

때로는 어떤 일을 변경하려고 심한 고집을 부릴 때가 있는데 이것은 자기가 그 일에 너무 휩쓸려 들어갈까 염려하기 때문이다.

그리고 점액질은 어떤 부분에서 점점 성장하거나
관록이 붙을수록 더욱 고집이 노골적으로 세어진다.
이러한 고집을 때로는
태평스러운 자신의 유머 감각으로 살짝 감추기도 한다.

만약, 주변 사람들의 계획과 활동에 가담하기를 강요받는다면 그 일이 제대로 되어 가는지, 안 되어 가는지를 살펴서 잘 안 되어 간다면 분명하게 거절하는 태도와 자세를 취할 것이고 그 일의 미래적인 비전에 대해서도 비관적인 태도와 자세를 가지게 될 것이다.

점액질의 이런 완고성 때문에 자신 스스로
자신을 [인색하고 이기적인 사람]으로 만들어 버린다.

이러한 현상은
'이것은 얼마의 비용이 들까?
혹은, 이것은 내게서 무엇을 요구하는 것일까?'를
항상 생각해야 하기 때문에 생기는 현상이기도 하다.

그래서 이기심은
점액질에 있어서 특히, 큰 골칫거리가 되기도 하다.

점액질은 나이가 들수록 더 결단력이 약해진다.
그것은 기본적으로 어떤 일에 가담할 것인가에 대해서
선뜻 나서지 않는 성질 때문이다.
이 말은 기질적으로 자신이 일하고 싶은 마음과 대가를 지불하지 않으려는 마음 사이에서 늘 동요를 하고 있기 때문이다.

이러한 결단력 없는 점액질의 태도와 자세는
곧, 뿌리 깊은 습관이 되어 자신의 좋은 점인 실용적인 태도를 억눌러 버리기까지 한다.

점액질의 자신에게 있는 실제적인 관점과 조용하고 분석적인 태도는 때로는 어떤 일에 대한 더 좋은 해결방법을 고안해 내기도 하지만 자신이 그 일을 시작하려고 할 때면 이미 다른 활동력과 실천력이 왕성한 사람이 그 일을 계획하고 그룹을 조직해서 움직인 뒤인 경우가 적지 않을 것이다.

아무튼 점액질은
마음속의 자기 계획이 더 훌륭하다고 생각되기 때문에
자기가 필요하다고 생각하는 곳에만

부분적으로 가담하려 하는 경향이 있다.

이렇게 해서 지금까지
필연적인 배필과의 올바른 만남을 위해
인간의 기질들을
유전학적, 의학적, 심리적인 측면들로 나누어서
모두 살펴보았다.

다만 다혈질, 담즙질, 우울질, 점액질 등
4가지 기질들을 순수하게 어느 기질 하나만
100% 독특하게 나타내면서
살아가는 사람은 단, 한 사람도 없다.

무슨 말이냐면
한 개인 안에 이 4가지 기질들이 다 있기 때문에
한 개인이 이 4가지 기질들을
조금씩은 다 보여 주면서 살아간다는 것이다.

결국, 이 4가지 기질들이
뒤섞여서 수많은 여러 기질이 나오게 된다.
예를 들면,
다혈질과 점액질이 강하게 리더 노릇을 하면

담즙질과 우울질은 강하다가 약하다가
오락가락하는 사람들도 있고

어릴 때는 담즙질이 강하더니만
청년이 되니까 다혈질이 가미되고
중년이 되니까 우울질과 점액질이 다소 강해지기도 하고,
담즙질적인 기질과 다혈질적인 기질은
현저히 약해지는 면을 보이는 등
수없이 많은 기질의 유형들이
모두 이 네 기질의 혼합으로 나타나게 된다는 것이다.

그러므로 이 네 기질의 기본적인 의미들을
먼저, 확실하게 잘 깨닫고 파악하여 숙지한 다음,
자신의 필연적인 배필을 찾는다면
그 명중률은 99.9%가 될 것이 분명하다.

다만 이러한 기질들의 융합을 잘 분석해서
자신의 모든 생활패턴에 적용한다면
상담을 하거나 멘토를 하거나 교제를 하거나
자신의 마음을 다스리는 데도
엄청난 역사가 있을 것을 확신한다.

분명한 것은
이 기질들의 성향을 잘 적용하기만 한다면
자신의 필연적 배필을
반드시 만나게 될 것이 확실하다는 것이다.

• PART 10 •

필연적인 배필의 만남에서 기질들의 적용

앞에서 기질을
심리학적이며 의학적인 이론으로 분석하고 살펴보았지만,
여기서는 이 4가지 기질들을
실제로 **[사회 활동적 심리성향]**을 통해 살펴보면서
필연적인 배필에 대한 마무리를 해 볼까 한다.

먼저, **[다혈질]**을 살펴보자.

다혈질은 한마디로
[명랑하고 쾌활하고 온정이 넘치는 기질]이다.
특히 다혈질이 강한 사람들은
감수성이 예민하기 때문에
**[외적인 경험이나 인상들을 마음속에 담아 두고
간직하는 타입]**이다.
이것을 흔히 주의 깊은 사고와 생각보다는
정서에 따라서 결정하는 타입이라고 말한다.

따라서 다혈질은
사람을 좋아하고 고립되는 것을 싫어하며
친구에게 둘러싸여 있을 때 인생의 행복을 느끼는
[사교적인 기질]이다.

다혈질이 [리더 노릇]을 강하게 하는 사람은
많은 흥밋거리를 가지고 있고
때로는 극적인 표현도 잘하고
어른, 아이 할 것 없이 모두 좋아하는 기질로서
모임이나 파티에 항상 환영받는 타입이다.

특히, 화술이 좋아서
누구와 대화를 해도 당황하지 않고
생각하기 전에 이미 할 말을 가지고 있고,
청중들의 시선을 집중시킬 때는
진지한 태도를 보이기 때문에
누구에게나 훌륭한 반응을 보이기도 한다.

또, 겉으로는 흥분된 것처럼 보이지만
태평스럽게 지껄이는 행동이나 외향적인 생활 태도는
다른 소심증 타입의 사람들이 부러워하기도 한다.

말을 많이 하면서 야단법석인 가운데에서도 친절하고 실제보다 더 자신 있게 보이기 때문에 인생의 어떤 역경도 거뜬히 통과해서 성공할 수 있도록 분위기를 조성하는 힘이 있다.

이 세상은 어떻게 보면 이처럼 유쾌하고 즐거운 다혈질이 리더 노릇을 강하게 하는 사람들 때문에 살 만해지고 부유해진다고 볼 수도 있다.

그래서 다혈질이 **리더 노릇**을 강하게 하는 사람들은
[병원 의사, 교사, 좌담가, 상담가, 배우, 웅변가, 지도자] 등의 직업이 적격이다.

그러므로 자신의 필연적인 배필 역시 이와 같은 직업에 종사하는 사람 중에서 찾는 것이 필연적인 배필을 만날 확률이 가장 높고 자신과 같은 직업이면 더욱 좋다.

쉽게 말하면
내가 배우이면 배우 짝을,
내가 의사이면 의사인 짝을 만나는 것이
가장 적합하고 안전하다는 말이다.

물론 이건 다른 기질에도 마찬가지로 똑같이 적용된다.
분명히 서두에서 자기 필연적인 배필은
자기와 기질이 닮을 수밖에 없다고 말했다.
그래서 필연적인 배필의 가장 좋은 식별방법은 같은 기질끼리 만나는 것인데 그 기준이 같은 직업을 가진 이성과 만나는 것이 확률상으로 가장 높다.

그리고 기질마다 단점도 있다.

다혈질이 리더 노릇을 강하게 하는 사람의 단점은

가장 성공한 사람 같으면서도 기대에 미치지 못하는 것이 약점 중에 최고의 약점으로 꼽힌다.

그것은 말로는 호언장담했지만

일의 효과는 그렇지 못하게 마치

약간 2% 부족한 것 같은 느낌을 준다.

이것은 믿음이 약하기 때문이다.

심리학적으로는

불안정하고 침착성도 적고 자기중심성이 강하고

정서가 폭발적이기 때문이라고 할 수 있다.

다음으로 **[담즙질]**이

[리더 노릇]을 강하게 하는 사람을 보자.

담즙질은 성급하고 재빠르고 적극적이고 실천력이 강하고 강한 의지를 소유한 기질로 자부심, 독립심이 강하고 결단력과 독단적 경향이 있고 자신을 위해서든 타인을 위해서든 급하게 결단을 내려 버리는 타입이다.

주로 담즙질이 리더 노릇을 강하게 하는 사람은

활동을 통해서 성공하는 타입으로서
[인생이 곧, 활동]이다.

담즙질이 리더 노릇을 강하게 하는 사람은
[끊임없는 아이디어와 계획과 야망]으로
주위 사람들에게 자극제 역할을 한다.

그래서 담즙질이 리더 노릇을 강하게 하는 사람은 다른 사람의 압력에 자기 뜻이 좌우되거나 동요되지 않고 논쟁할 때도 확고한 주장을 가지고 사회적으로도 어떤 문제가 있을 때 적극적으로 투쟁을 하는 스타일이다.

담즙질은 불행과 역경이 닥쳐오면
오히려, 더 큰 용기를 내는 스타일이다.
그래서 완고한 결단력 덕분에 남들은 실패하는 일에 담즙질이 리더 노릇을 강하게 하는 사람은 오히려 성공을 이루어 내기도 한다.
그 이유는 계획이 남들보다 좋은 것이 아니라 실패를 두려워하지 않고 실패해도 끝까지 끈질기게 노력하기 때문이다.

지도자가 만일 만들어지는 것이 아니라 태어나는 것이라면 아마, 담즙질이 리더 노릇을 강하게 하는 사람을 두고 하는 말일 것이다.
다만, 정서적인 발달이 미약하기 때문에 쉽게 남을 동정하지 못하고 감정의 표현이 자연스럽지 못해서 남들이 눈물을 흘리면 오히려 당황해하거나 불쾌한 감정을 노골적으로 나타내기도 한다.

그것은 담즙질이 리더 노릇을 강하게 하는 사람이 중요하게 생각하는 것들이 주로 **[실용적이고, 공적인 이익]**에 있기 때문이다.

담즙질이 리더 노릇을 강하게 하는 사람은 조직적인 머리가 비상하기 때문에 기회를 기가 막히게 포착하는 것은 물론, 기회를 십분 활용하게 할 수 있는 판단도 예리하게 가지고 있어 자질구레한 일은 좋아하지 않는다.

한마디로 분석력이 뛰어나지는 않지만 직감적인 비판력이 뛰어나기 때문에 목표를 꿰뚫어 보는 데 일가견이 있다.

그래서 일단 목표를 향해서 출발해 버리면 장애물이 되는 함정이나 사람들을 난폭하고도 과감하게 제거할 수 있는 기질을 가지고 있는 동시에 사람을 지배하려는 경향도 있고 반대로 기회주의자가 될 가능성도 있다.

담즙질이 리더 노릇을 강하게 하는 사람들이 잘 풀리면 세계적으로 **위대한 장군, 지도자, 행정가, 지배인, 아이디어 맨, 프로듀서**가 되기도 하지만

잘못 풀리면 **독재자, 세계적인 범죄자들**이 되기도 한다.

특히, 희대의 살인자나 **사이코패스와 소시오패스**가

이 기질에서 나온다.

그리고 담즙질이 다혈질보다는 약하기는 하지만
역시 외향적인 기질인 것도 분명하다.

[담즙질의 단점]에 대해 말하자면,
[성미가 급하고 잔인하고 격렬하고 독단적인 면들]이 있기 때문에
가족보다 **[친구나 외부 사람들에게 환영받는 타입]**이다.

흔히 세상에서 다혈질이라고 부르는 사람들이 바로 이 담즙질이 리더 노릇을 강하게 하는 사람들을 말한다.

이런 것을 참고해서 자신이 담즙질이라면
장군, 지도자, 행정가, 지배인, 아이디어 맨, 프로듀서 중에서 자신의 필연적인 배필을 찾는 게 가장 안전하다.
물론, 자신이 그런 직업에 종사하고 있다면
말할 필요도 없이 확실하다.

세 번째로 **[우울질]**이
리더 노릇을 강하게 하는 사람들을 보자.

[분석적이고 자기희생적이고 예민한 정서를 가진 천부적인 완전주의

자들로 예술적인 감수성]은 우울질을 따라갈 기질이 없다.

　우울질이 리더 노릇을 강하게 하는 사람은 내성적인 성격의 소유자이면서도 정서적으로는 감성이 풍부하기 때문에 감정의 기복이 심한 편이다.

　때로는 기분이 좋아서 외향적인 성격을 가진 사람처럼 행동했다가 어떨 때는 울적하고 우울해져서 위축되거나 적대감을 품기도 한다.
　그래서 우울질 기질이 강하면
　정신병이 걸릴 위험성이 높다.

　우울질은 충성되고 신뢰성은 있지만
　사람들을 쉽게 사귀지는 못하는 기질이다.
　즉, 적극적으로 사람들을 만나러 다니기보다는
　사람들이 찾아올 때까지 기다리는 편이다.
　천성이 자신을 남에게 드러내기를 꺼려하는 것뿐이지
　사람을 싫어하는 것은 아니다.
　그래서 지나치게 완전, 완벽주의를 추구하려고 하기 때문에 남이 의지하기는 편안한 타입이다.

　우울질이 리더 노릇을 강하게 하는 사람은

사람들을 좋아하면서
특히, 사람들에게 사랑을 받고 싶은 강한 욕구 때문에
어떤 일에 실망했거나 상처를 받은 경험이 있는 상태라면 다른 사람들이 자기에게 관심을 가지면 사랑을 받고 싶은 마음은 있지만,
상처와 실망을 경험한 일 때문에
먼저 그 상대를 의심부터 한다.
대신에 탁월한 분석 능력이 있기 때문에
어떤 계획이나 목적을 달성할 때
장애나 위험을 정확하게 측정하는 능력은 있다.

이것을 흔히, **[선견지명]**이라고 하는데
이 **[예지력]**은 우울질이 리더 노릇을 강하게 하는 사람이 가지는 문제해결 능력이다.

우울질의 **[예지력 즉, 선견지명]**은
새로운 계획 앞에 서기를 주저하고
적극적으로 추진하려는 일에 갈등을 일으키기도 한다.
때로는 우울질이 몸 안에서 강하게 활동할 때
위대한 예술작품이나 천재적인 작품을 쏟아내기도 한다.
왜냐면 이러한 업적은
심한 우울증 후에 나타날 때가 많기 때문이다.

결국, 우울질은 개인적인 희생정신을 통해서
인생의 위대한 의미를 발견하는 기질이다.
그래서 어떨 때는 스스로 고통을 경험하려고
일부러 어려운 극한직업을 택하기도 한다.
그리고 한번 목표가 결정되면
그 목표를 위해서 철저하게 계속적으로
위대한 **선(善)**을 이루기 위해서 열심을 낸다.

이러한 우울질이 리더 노릇을 강하게 하는 사람들이 만약에 **[올바른 기본마음 자세를 가지려는 패러다임 전환을 위한 훈련]**이 제대로만 되어 있다면 엄청난 가능성을 소유하게 되어 세계적인 **예술가, 음악가, 발명가, 철학자, 교육가, 이론가, 신학교수, 목회자**가 될 수 있다.

그러므로 자신의 필연적인 배필을 원한다면
이 기질이 강한 사람은
이와 같은 직업에서
자신의 필연적인 배필을 찾는 것이 가장 적합하다.

우울질이 리더 노릇을 강하게 하는 사람의 단점으로는 **[자기중심적인 성향, 과민반응, 염세주의(세계나 인생을 불행하고 비참한 것으로 보며, 개혁이나 진보는 불가능하다고 보는 경향이나 태도), 비판적**

우울증, 강한 복수심]** 등이 있다.

　자신의 장점을 최대한 살려 성공한 대부분의 세계적인 천재들이 이 기질에서 나왔고 동시에 성공하지 못하고 실패한 쓸모없는 사람들도 이 기질 출신들이 대부분이다.
　왜냐면 자신을 학대하는 **자학, 지나친 죄의식, 의기소침, 우울증, 비현실적인 공포, 적대 감정 등**으로 고통을 받다 보니 그것을 극복하기가 쉽지 않기 때문이다.

　마지막으로 **[점액질]**이
　[리더 노릇]을 강하게 하는 경우를 보면
조용하면서도 냉정하고 느리면서도 쉬운 길을 택하는 균형 잡힌 성격이다.

　점액질이 리더 노릇을 강하게 하는 사람은,
인생을 흥분되지 않는 행복하고 즐거운 경험이라고 생각하고 되도록 다른 사람의 일에 말려들려고 하지 않는 타입이다.

　좀처럼 동요되지 않고 성내지도 웃는 일도 드문 타입으로서 그야말로 시종일관하는 스타일이다.
　이렇게 차갑고 침묵을 잘 하지만 수줍어하는 성향도 있다.
　능력 면에서도 골고루 균형을 이루고 정서도 풍부해서

예술과 인생의 멋도 즐길 줄 아는 능력의 소유자다.

특히, 사람을 좋아하는 기질이기 때문에
친구도 많고 자신은 웃지 않으면서
익살스럽게 청중을 웃기는 타입이기도 하다.
흉내도 잘 내고 다른 기질을 놀리기도 잘한다.

예를 들면,
다혈질의 지나친 열성을 부질없는 것으로 여기고,
우울질의 침울한 기분도 질책하거나 조롱하고
담즙질의 지나친 야망이나 계획에 찬물을 끼얹기도 한다.

한마디로 **인생에 있어서 방관자**라고 보면 정확하다.

실제로 일상적인 일 외에는
어떤 활동에 참가하려면 무척 망설이거나 주저한다.
그렇다고 활동에 대한 욕망이 전혀 없는 것도 아니고
타인의 곤란을 모른다는 것은 더더욱 아니다.

그러나 사회의 불의를 보았을 때 담즙질이 리더 노릇을 강하게 하는 사람은 개혁 운동가적 기질이 있기 때문에 위원회를 조직하고 캠페인을 벌이려고 한다면,

점액질이 리더 노릇을 강하게 하는 사람은 그냥 안타깝다는 식으로 혀만 차고 있거나 자기는 나서지 않으면서 **"왜, 모두 가만히 보고만 있는 거야?"** 하고 반응하는 정도다.

점액질이 리더 노릇을 강하게 하는 사람들은,
마음은 친절하고 동정심도 많지만 진심을 잘 털어놓지 않기 때문에 지도자로서는 부적당하지만 만약에 지도자 역할이 주어지면 다른 사람에게 호감을 주기 때문에 자연스럽게 화해자로서 능력을 발휘할 수도 있는 타입이다.

한마디로 아름다운 성격이라고 볼 수가 있는데 **외교관, 계리사, 교사, 지도자, 과학자, 기타 소심한 직업인 등**이 여기에 해당한다.

[단점]으로는 나태함과 의욕 부족과 자기보호, 자기 에너지 보존을 위해서 남을 조롱하고 고집이 세고 우유부단하고 공포심이 많다는 것이 있다.

결론적으로 말하자면 점액질이 리더 노릇을 강하게 하는 사람은 같이 살기에는 부담 없는 기질의 사람이기는 하지만 조심성이 없고 생의 압박감을 덜 느끼는 태도 때문에 적극적이고 공격적인 배필에게는 짜증나게 하는 기질이 되기도 하다.

그래서 점액질이 리더 노릇을 강하게 하는 사람은 자녀들에게는 좋은 부모가 될 수 있는 타입이고 아내로서 바깥에서는 훌륭한 아내, 자녀에게는 좋은 부모는 될 수가 있지만 가정주부로서는 제로라는 평가를 받을 수 있다.

쉽게 말해서 집 안이 더럽고 빨래가 여기저기 널려 있어도 아이들과 놀아 주는 기질이다.

이상으로 4가지의 기질들에 대해서
의학적이고 심리학적인 이론을
실제로 사회 활동적 성향을 통해서 정리하면서
기질에 맞는 필연적인 배필을 찾아보았다.

이러한 기질들은
우리의 일부로서 우리 생활의 잠재의식 속에서 깔려 있다.
그래서 이러한 개인차가 비록 필연적인 배필이 아니더라도 행복한 결혼생활을 하게 하는 데 중요한 자료를 제공하기도 한다.

다만 **[올바른 기본마음 자세를 가지려는 패러다임 전환을 위한 훈련]**
이 잘되어 있어야 그 적용은 100%의 효과를 발휘할 수가 있다.

그리고 이런 4가지 기질 중에
딱 한 가지 기질만 가지고 있는 사람은

지구상에 단 한 사람도 없다.

그러므로 4가지 기질들이 자신 안에도 모두 잠재해 있다는 것을 잊지 말고 지식적으로 알 수 있는 것은 알아서 자신의 심령을 **[올바른 기본마음 자세]**로 유지할 수가 있어야 하겠다.

인간은 누구나 할 것 없이 자신의 몸 안에
이러한 4가지 기질을
모두 보유하고 있다는 것을 잊지 말자!

그런데 그중에는 두드러지게 행동으로 나타나는
[리더 노릇]을 하는 기질이 하나가 있고
나머지 기질은 자신 속에 잠재되어 있다가 필요할 때마다 부수적인 역할을 담당하거나 보조적 활동을 담당하기 위해 그때, 그때마다 나타나게 되는 기질적인 성향들이다.

또한, 리더 노릇을 하는 기질이
2개, 내지 3개가 될 수도 있고
보조적 역할을 담당하는 기질이 하나인 경우도 있다.

그러면 이 기질 중에서
왜, 서로 다른 행동을 나타내는 것끼리 매력을 느낄까?

그것은 이렇다.

인간의 잠재의식은 인간에게 아주 소중한 가치를 지닌다.
내가 친구를 선택하고 특히 필연적인 배필을 선택하는 데 중요한 역할을 담당하는 것이 잠재의식이다.

예를 들면,
다혈질이 리더 노릇을 강하게 하는 사람은
자신 스스로가 떠들썩하고 사교적이고
외향적인 성격을 가졌기 때문에
자기통제가 잘 안 되는 약점이 있다.
그래서 늘 자기통제를 좀 더 잘했으면
하는 마음을 잠재의식 속에 항상 가지고 있다.

모임이나 파티가 끝나고 집으로 돌아오면서 자기 혼자서 신나게 끝없이 수다 떨고 혼자서 도맡아서 쉴 새 없이 지껄인 것이 생각나서 이것을 스스로 깨닫고 놀라기도 한다.

이것은 친절하고 상냥하고 조용한 성격의
점액질이 리더 노릇을 강하게 하는 사람도 마찬가지다.
'좀 더 표현을 세련되게 더 잘했으면 좋았을 건데~!' 하는 욕심이 잠재의식 속에 늘 있다.

물론, 점액질이 리더 노릇을 강하게 하는 사람 속에도 다혈질의 기질이 분명히 잠재해 있다.

그러나 자신에게는 다혈질 기질보다는 점액질 기질이 더 발달되어 **[리더 노릇]**을 하기 때문에 어쩔 수가 없는 것이다.

그래서 다혈질과 점액질은 서로가 잘 발휘하지 못하는 단점인 반대되는 기질을 오히려 상대가 잘 발휘하고 있기 때문에 처음에는 서로가 서로에게 매력을 느끼고 서로가 서로에게 끌리는 감정을 그 순간 일시적으로 가지게 되는 것이지, 그것이 그들의 필연적인 배필이라는 것을 말해 주는 것은 아니다.

남자가 다혈질이 리더 노릇을 강하게 하는 사람이고
여자가 점액질이 리더 노릇을 강하게 하는 사람이면
남자는 여자가 원하는 그런 점을 보여 주는 사람이고
여자 또한, 남자가 마음속에 바라던 그런 타입이기 때문에 자연스럽게 서로 지지하는 것처럼 보이게 된다.

근데, 이것이 인간의 본성 안에 있는 욕정이 뒤틀려 버렸기 때문에 나타나는 현상이라고 생각하는 사람은 많지 않다.
무슨 말이냐면,
이처럼 자신과 반대되거나 자신에게 필요한 기질에 대한 매력 즉, 호기심은 그 약효가 그렇게 오래가지 못한다는 것이다.

  다혈질이 [리더 노릇]을 강하게 하는 사람이
  점액질이 리더 노릇을 강하게 하는 여자에게
  처음에는 끌리겠지만 사실은 자신 안에도
  이러한 점액질의 기질이 잠재되어 있기 때문에
  시간이 지나면 다혈질이 리더 노릇을 강하게 하는 사람은 그 점액질의 장점보다는 단점에 더욱 시선을 고정하게 되어 있다.

  이것이 싫증의 요인으로 작용하게 되어 시간이 많이 지나면 처음에 그렇게도 매력적으로 다가왔던 점액질의 리더 노릇을 강하게 하는 여자가 이제는 자신과 맞지 않는 타입으로 다가오게 되는 것이다.

  이것이 바로, 다른 기질은
  필연적인 배필이 아니라는 증거다.

  그러므로 자신의 리더기질이 어떤 것인지 정확하게 알고 그 기질이 리더 노릇을 하는 짝을 찾는다면
  필연적인 배필은 쉽게 찾을 수가 있을 것이다.

· PART II ·

나의 영원한 반려자, 필연적인 배필

I) 기질들의 자기 컨트롤 비밀

　결국, 지금 우리는 자신의 필연적인 배필은 자신과 같은 기질이 잘 발달되고 능수능란하게 발휘되는 닮은꼴 기질의 사람 중에서 찾아야 한다는 결론에 도달했다.

　이건 내가 사사로이 만든 법칙이 아니라
자연 순리의 법칙임을 지금까지 살펴보았다.
　다만 자신이 다혈질의 리더 노릇을 강하게 하는 사람으로서 다혈질의 기질적인 태도나 자세나 마음가짐의 장점보다 단점이 자신에게 강하게 나타나고 있다면

　다혈질의 배필을 만나면
자기의 스타일이 아니라고 느낄지도 모른다.
그것은 단점을 보기 때문이다.

　만약, 보는 초점을
그 다혈질의 장점 부분으로 바꾸어서 본다면

필연적인 배필을 보는 눈은 완전히 달라진다.
아예, 사고나 상황 자체가 달라질 수도 있다.

문제는 인간의 본성 안에 있는 욕정이
뒤틀려 있는 것이 문제다.
그래서 **패러다임 전환**이 반드시 필요하다는 것이다.

사람은 누구나 자기의 리더 노릇을 하는 기질의 단점들만 나타나는 기질과 완전히 똑같지만 않으면 어떤 기질이든 싫어하지는 않는다.

그런데 중요한 것은 보통, 사람들은 그 사람의 장점을 보고 좋아하게 마련인데 사람에게는 장점만큼이나 단점도 있다는 것을 반드시 기억해야 후회를 하지 않게 된다.
왜냐면 이러한 단점은 결혼 전에는
보이지 않는 경우가 대부분이기 때문이다.

결혼 전 연애 시절에는 서로가 **[정욕적으로]** 뜨겁게 사랑하다 보니까 단점은 그냥 무시되어 버린다.
근데 신기하게도 결혼이라는 것을 하고 나면
결점이 하나씩 하나씩 베일을 벗기 시작한다.

그래서 필연적인 배필을 찾을 때는
나의 **리더 노릇**을 하는 **기질의 장점**이
상대 배필감에게서 얼마나 강력하게 발달되어 활동하는지, 리더기질의 단점이 얼마나 발달되어 활동하는지를
주의 깊게 관찰해 볼 필요가 있다.

그 결과 리더기질의 단점이 장점보다 더 잘 발달되어 활동하고 있고 그 기질이 나의 리더기질과 닮았다면 필연적인 배필에서 제외하는 것이 좋다.

그러나 반대로 나의 리더기질과 상대의 리더기질이 똑같고 또, 장점이 잘 발달되어 활동하고 있는 부분이 기질적으로 닮았다면 **필연적인 배필**일 확률이 높다.

참고로 오늘날은 결혼하기 전 먼저 동거부터 하거나 성적인 관계부터 미리 가지는 경우가 많기 때문에 이것은 결혼한 것으로 간주해야 한다.
이러한 동거나 사전 성관계는 필연적인 배필을 찾는 데 치명적인 약점이 되기도 한다는 것을 기억할 필요가 있다.

물론, 단점이 없는 사람은 이 땅에 단 한 사람도 없다.
혹, 필연적인 배필을 만나지 못한 부부 간이나 사랑하는 사이

라면 그러한 단점을 인정하면서 사는 태도를 배우는 훈련과 용기도 필요할 것이고 더불어 서로의 기질적인 장단점을 잘 파악하여 기질의 장점들은 살리고, 단점들을 억제하는 훈련이 필요하다.

그것이 바로!
올바른 기본마음 자세를 가지려는 패러다임 전환을 위한 3가지 성품훈련이라고 분명히 앞에서 밝혔다.
이 훈련을 위해서 자기통제를 잘할 필요가 있다.

사람의 기질은 천성이라고도 할 수가 있기 때문에
자신의 결점을 극복하기 위해서는,
무조건 **올바른 기본마음 자세**를 가지고
결혼생활을 더 행복하게 할 수 있도록
배우자에게 융화적인 태도를 보이려면,
패러다임 전환을 위한 3가지 성품훈련을
반드시 해야 한다.
물론, 처음부터 필연적인 배필을 만났다면
더할 나위 없이 좋겠지만 그렇지 못했다면
패러다임 전환을 위한 3가지 성품훈련이 꼭 필요하다.

일반적으로 **[성격적인 갈등]**은
곧, **[기질 간의 갈등]**이고

동시에 한 기질 안에 있는 장단점의 갈등이기도 하다.

한 사람이 자신의 **리더기질의 단점**이 잘 발달된 활동을 보이면 그것은 상대방의 리더기질의 단점을 자극하는 **[연쇄반응 효과]**를 나타내기도 하기 때문에 당연히 만남을 피하는 것이 좋다.

예를 들면,
부주의하고 어떤 일을 하다가 도중에 그만두는
즉, 한 가지를 온전히 완성할 때까지
꾸준히 붙들고 있지 못하고
또 다른 것을 원하고 그러다가 또 중단하고
또 다른 것을 원하고 하는
단점의 기질 성향이 잘 발달된 **다혈질의 남자**가
지나치게 완벽주의를 추구하는
성실한 **우울질의 단점**이 잘 발달된 여자를 만났다면,
서로 간에 잘 발달된 **[리더기질의 단점]**이
오히려 서로의 리더기질의 단점을 자극하는
[연쇄반응 효과]로 나타나기 때문에
그것이 **[부부싸움과 갈등의 원인]**이 될 수 있다는 것이다.

회사에 다니는 **[다혈질 남편]**이
늦게 전화도 없이 들어올 때**(다혈질은 사교적이니까)**

만약 남편을 기다리는 아내의 마음에
관심을 잘 보이지 않는 행동의 단점이 잘 발달된
[다혈질 남편]이라면
그 행동은 **[우울질의 단점]**이 잘 발달된
아내에게는 용서할 수도,
잊어버릴 수도 없는 행동으로 각인이 되어 버린다.

이것이 몇 년간 계속 반복이 된다면
남편의 이러한 행동의 단점에 아내는
진절머리를 내는 단점적인 행동으로 나타나게 된다.

또, 남편이 **[담즙질의 단점]**이 잘 발달된 사람이라면
적극적으로 일과 돈에만 열중하게 되기 때문에
[우울질의 단점]이 잘 발달된 아내의 쪽에서는
버림받았다는 느낌의 단점을 발달시키게 된다.

왜 그러느냐면 담즙질의 단점이
잘 발달된 남편의 쪽에서 보면,
우울질의 단점이 잘 발달된 아내인 줄 모르고
결혼하기 위해서 수단과 방법을 가리지 않고
100% 관심을 아내에게 쏟아서
결혼이라는 것을 성취하고 나면

이제 담즙질의 단점이 잘 발달된 남편 쪽에서는
가족을 부양하기 위해서 기질상,
다음 단계에 열중하게 되어 있다.

그러다 보니까
결혼 전 우아하고 조용하던 아내의 성격은
결혼 후, 남편이 볼 때
의욕이 없고 게으르게 보이고 조심성이 없고
조직적이지 못한 것으로 보이는 단점으로 발달한다.

한마디로,
[우울질의 장점]에 매료되어 결혼했지만
결혼하고 보니까 **[우울질의 단점]**이 드러나게 된 것이다.
이렇게 되면
[담즙질의 단점]이 잘 발달된 남편은
그 단점이 더욱 자극을 받기 때문에
잔인하리만치 통렬한 비판을 가하게 된다.

만약에 여자가 **[우울질의 단점]**이 잘 발달되어 있다면 사실, 일반적으로는 결혼을 전후로 기쁘고 행복해야 하지만 오히려 결혼을 전후로 우울 증세를 겪을 수도 있다.
근데, 이것은 흥분으로 인한 결혼과

긴장 때문에 오는 자연스러운 현상일 뿐이다.

남편이 참을성이 부족하고 좌절을 겪는
[다혈질의 단점]이 잘 발달된 사람이라면
[우울질의 단점]이 잘 발달된 아내는
잘 울거나 우울 증세를 겪게 된다.

그리고 남편이 이제 자기를 사랑하지 않는다고
지나치게 과민반응을 보일 수도 있다.
그러다 보니까 그 반사효과로
집 안을 지나치게 깨끗하게 치우고 정리, 정돈하는
대리 만족으로 불만을 표출하게 되는 것이다.

아내의 이러한 청결, 정리, 정돈의 행동은 장점으로 승화되는 좋은 일이기는 하지만 그것이 지나치면 오히려 남편 쪽에서는 집에 있을 때 안락함과 편안함을 느끼게 해 주는 것이 아니라 짜증 나게 만들어 버리는 단점을 자극시키는 역할을 하기도 한다.

그래서 남편은 테이블 위에 발을 올려놓거나 양말을 아무렇게나 벗어 놓게 되는 단점으로 그것을 표현하게 되고 우울질의 단점이 잘 발달된 아내는 그것을 보고 참지 못하고 더욱 자신의 우울질 기질의 단점이 자극을 받아 화를 내게 되는 것이다.

이것은 [**욕구 좌절감**]이라는
우울질의 단점에서 오는 분노이다.

이 욕구 좌절감을
우울질의 단점이 잘 발달된 아내는 어떻게 해결하느냐면,
마음속에 억압한 후에
마음의 뚜껑을 닫아 버리는 단점으로 해결을 해 버린다.
그런데 이것은 언젠가는 폭발하거나
신경증, 위궤양 기타 질병으로 나타나기도 한다.

만약에 남편이 의욕 부족이라는
점액질의 단점이 잘 발달된 사람이라면
어느 기질을 가진 아내이든 간에
많은 부담을 가지게 될 것이다.
 그래서 항상 점액질의 단점이 잘 발달된 기질의 사람은 상대를 위해서 적극적으로 움직이지 않으면 상대방에게 따분한 사람이란 인식을 심어 주게 된다.

 그러나 이러한 점액질의 단점이 잘 발달된 기질의 남편이라도 아내가 지시하면 무엇이든지 순종하는 타입이기 때문에 아내가 같은 **점액질의 장점**이 잘 발달된 사람을 만나면,
 약간의 적극적인 **다혈질의 장점**만 서로가 잘 발달시켜 일깨워

주면 점액질은 **착하다**는 장점이 있기 때문에 부부 서로가 일을 즐길 수 있다.

왜냐면 사람 안에는
4가지 기질을 다 가지고 있기 때문이다.

다만 자기에게는
유독 그 기질이 강하게 활동하지 않고 있을 뿐이다.
이 말은 **점액질 기질**이 **리더기질**인 사람에게도 적극적인 성향인
[다혈질, 담즙질의 기질]이 부수적으로 잠재해 있다는 말이다.

문제는 두 사람이 하늘이 짝지어 준
필연적인 배필이어야 한다는 것이 중요하다.

만약, 아내가 **담즙질**이 리더기질이고
남편은 **점액질**이 리더기질이라면
아내는 남편이 적극적으로 움직일 수 있게
유도를 해 주는 것이 행복한 부부생활에 필요하다.
그렇지 않고 **점액질의 단점**이 잘 발달된 사람이라면 그냥 두면 관대한 성격은 아니기 때문에 완고한 고집이 더해져서 큰 불평, 불만이나 욕구 좌절을 일으키는 단점이 자극을 받기도 한다.

이것은 닮은 기질이라도 서로 기질의 단점이 왕성하게 발달되어 있다면 만남을 보류하는 것이 좋다.

사실, 결혼의 승패를 위협하는 것은 기질의 차이가 아니라 즉, 성격 차이가 아니라 이러한 기질 즉, 성격 차이에 대한 부부 간의 태도가 더 문제다.

부부가 필연적인 배필이 아니라면
부부는 누구나 한 번쯤은
이러한 기질 차이 때문에
심한 충돌을 겪은 경험이 있을 것이다.

그래서 부부 서로가 바람직하게 적응을 하려면
[욕구 좌절, 불평·불만, 기타 적대감정]을 느낄 때
그 원인이 어디 있는지 객관적으로 바라보는
올바른 기본마음 자세를 가지려는
패러다임 전환을 위한 3가지 성품훈련이 반드시 필요하다.

자신의 마음의 평화가 사라진 것은 상대 배우자의 잘못이 아니라 기질적으로 자신의 리더기질의 단점이 잘 발달된 **[내적인 적대감과 분노]**가 문제라는 것을 기억하라.

그리고 이 4가지 기질들을 자신의 몸속에 모두 다 가지고 있기 때문에 기질은 내 힘으로 어쩔 수가 없지만 **올바른 기본마음 자세를 가지려는 패러다임 전환을 위한 3가지 성품훈련**대로만 행하기만 하면 변화가 일어날 수 있다.

보통, 젊은 시절 때 [다혈질이나 담즙질의 단점들]이 잘 발달되어 활동하던 사람들을 보면 나이가 들고 힘이 없어지면 [**점액질이나 우울질의 장점들**]의 기질이 오히려 더 잘 발달되고,
반대로 [다혈질과 담즙질 단점 기질들]은
퇴화해지는 경향을 보인다.
이것은 [다혈질과 담즙질 단점 기질들]이
없어진 것이 아니라
다만, 내 몸속에서 그 활동이 약해진 것뿐이다.

이것이 바로,
기질은 컨트롤할 수가 있다는 증거이기도 하다.

물론, 아무리 나이가 들고 힘이 없는 늙은이가 되어서 다혈질, 담즙질의 리더기질이 약해졌다고 할지라도 불쑥불쑥 자신의 본래 리더기질들이 한 번씩 발동하는 것은 어쩔 수 없다.
그 이유는 그 기질 자체가 몸에서 완전히 사라지는 것이 아니라는 증거이기 때문이다.

이것은 결국, 세상을 오랫동안 살아오면서 겪어 온 여러 가지 경험과 연륜에서 나타나는 **[기질의 자기 컨트롤]**에서 오는 현상이다.

이건 뭘 말해 주느냐면 기질 중에서 그 기질이 어떤 기질이든 좋고, 나쁜 것에 초점을 맞추면 안 된다는 말이기도 하다.

왜냐면 어떤 기질이든

장점이 있으면 단점도 분명히 있게 마련이기 때문이다.

따라서 자기에게 나타나는 기질들이 강하든, 약하든 장점을 최대한 살리는 것이 필연적인 배필을 만나는 데 필수다.

이렇게 해서 기질들의 만남을 살펴보았는데,

결론적으로 필연적인 배필은
자신의 잘 발달된 리더기질의 장점과
상대의 잘 발달된 리더기질의 장점이
닮은꼴을 만나야 한다는 것을 분명하게 알 수가 있다.
즉, 다혈질의 장점이 잘 발달된 남자와 여자
또는 여자와 남자, 담즙질의 장점이 잘 발달된
남자와 여자 또는 여자와 남자 등의
닮은꼴의 만남을 말하는 것이다.

이건 점액질, 우울질에서도 마찬가지다.

예를 들어,
남자의 잘 발달된 리더기질의 100과
닮은꼴 여자의 잘 발달된
리더기질의 100이 닮은꼴로 만나면
그 힘은 상상을 초월하게 된다.
마치, 이 우주를 삼키고도 남을
엄청난 필연적인 배필의 에너지가 분출될 것이다.

특이한 것은 분명히 같은 기질끼리도
단점이 있을 것이 아니냐고 생각할 수가 있다.
근데 서로 기질이 다른 기질끼리 만나면
시간이 지나면 단점에 초점을 맞추게 되지만
닮은꼴 기질끼리는 장점이 잘 발달된 경우에는
단점에 초점을 맞추지 않는
현상을 보인다는 신비로움이 있다.

이것은 필연적인 배필에게 주어진
특별한 선물이 아닐까 싶다.

정말, 이건 신비 중에 신비가 아닐 수 없다.
간혹, 단점이 보이더라도
곧바로, 자신들의 장점에 눈을 돌리는 것을 볼 수가 있다.

2) 필연적인 배필 되기(공감하기)

결국, 필연적인 배필은
자연의 순리법칙에 의해서 짝지어지는 것을
이것으로도 알 수가 있다.

더 놀라운 것은 필연적인 배필들은 상대에게 단점이 나타나면 자신의 장점으로 그 단점을 장점으로 만들어 버리는 놀라운 능력을 보여 주기도 한다.

그러므로 필연적인 배필을 만났거나
또는, 만나기 원한다면
올바른 기본마음 자세를 가지려는
패러다임 전환을 위한 3가지 성품훈련을
반드시 해야 한다.

그러면 그 기질이 어떤 기질이 되었든 관계없이
값지고 매력 있는 인생을 살아가게 될 것이다.

그래서 먼저, 자신의 리더기질 안에는 장점도 있지만 단점도 있다는 것을 꼭 유념하고 지금까지 자신이 얼마나 많은 단점들을 기질상, 사용하고 살아왔는지를 깨닫고 자신의 이러한 못된 기질들의 잘못된 활동들을 스스로 시인 즉, 인정하고 부부 간에 서로 고백하는 것은 물론, 서로에게 겸손한 자세를 가지고 철저히 반성하는 것이 중요하다.

즉, **올바른 기본마음 자세를 가지려는 패러다임 전환을 위한 3가지 성품훈련**을 추구해야 한다는 말이다.

이때, 중요한 것은
필연적인 배필이 아닌 배우자와 결혼한 분들이나
짝이 있는 분들은
배우자의 허물진 행동들을 눈감아 주는 것이다.
그리고 자신의 단점들을 잘 깨달을 수 있고
장점은 더욱 잘 발달시킬 수 있게
용기와 격려를 해 주는 것이 필요하다.

자신의 필연적인 배필을 위한 이러한 일들은
어떻게 보면
자신의 미래와 직결되는 것이기 때문에 당연하다.

자신이 먼저 화를 잘 낸다면
상대 배우자와 대화할 때
화내는 것을 차분하게 말할 수 있도록 훈련하라.

이렇게 하고 나서
상대 배우자의 단점에 대해 분위기를 잘 맞추어서
부드럽고 차분하게 대화로 알려 주고 풀어 나가야 한다.

상대 배우자의 단점을 이야기할 때는
그 단점은 자신의 단점이기도 하기 때문에
상대 배우자를 질책하거나
그 단점을 나무라거나 들추어내는 식이 아니라
오히려 나의 단점을
상대 배우자에게 고백하는 것처럼 느껴지게 해서
그것으로 상대 배우자 역시도
그 단점이 자기에게 있음을 깨닫도록
공감해 주는 것이 훨씬 효과적이다.

그리고 대화를 할 때는
편안한 분위기의 쉬는 시간을 택해서 하고
지나친 감정표현은 자제하고 절대로 화를 내서는 안 된다.
자신의 이야기를 충분히 이해할 수 있는

시간적인 여유를 주고
나머지는 **자연의 순리법칙**에 맡겨라.

그리고 단점이 있는 상대 배우자일지라도
진정으로 사랑하는 마음을 가지고
그 상대방의 장점에 대해서 감사해 보라.

더불어 배우자의 과거에 실수와 허물은
깔끔하게 잊고 다시는 들추어내지 말라.

이런 습관들을
올바른 기본마음 자세를 가지려는
패러다임 전환을 위한 3가지 성품훈련을 통해
아름다운 마음,
아름다운 생각,
아름다운 자세,
아름다운 태도,
아름다운 말씨,
아름다운 습관들의 열매가 자신 안에 자리 잡게 하라.

이것이 필연적인 배필을 만나기 위한
자연의 순리법칙이다.

만약, 현재 필연적인 배필을 만나지 못했다고 생각한다면 지금부터라도 지금까지 알려 준
올바른 기본마음 자세를 가지려는
패러다임 전환을 위한 3가지 성품훈련을 시작해 보라!

곧!
① **아름다운 말과 언어**,
② **선으로 악을 이기는 선한 마음**,
③ **참된 용서**라는
올바른 기본마음 자세를 가지려는
패러다임 전환을 위한 3가지 성품이 그것이다.

이 훈련만이
필연적인 배필의 만남을 보장할 수 있다.
이것을 끊임없이 훈련하라.

3) 맺는 말(필연적인 배필처럼 살아가기)

모든 것에는 믿음과 확신이 필요하다.
내 몸과 마음과 영혼은
살아가면서 여러 가지 문제를 만나게 된다.

그리고 그러한 것을 헤쳐 나가다 보면
자신도 모르게 담력이 생길 것이고
오래 참는 것도 배울 것이고
사랑의 행동도 실천해 나가게 될 것이다.

이것이 필연적인 배필이 아닌 배우자와
결혼한 자신을 치유하고 회복하기 위한
비결인 동시에 부부가 필연적인 배필은 아니지만
필연적인 배필처럼 살아가는 비결이 되기도 하다.

우리는 한 치 앞을 알 수 없는
인생이라는 폭풍 속에서 살아가고 있다.

비록, 현재 필연적인 배필은 아니지만
필연적인 배필처럼 살아가기를 원하는 부부라면
이러한 인생의 폭풍을 비겁하게 피하지 말고
부부가 협력해서
오히려 그 속으로 과감하게 뛰어 들어갈 필요가 있다.

현재, 필연적인 배필이 아닌 배우자와 결혼하신 분들은 오직, **올바른 기본마음 자세를 가지려는 패러다임 전환을 위한 3가지 성품훈련**만이 서로와 가정의 행복을 보장하는 일이라는 것을 명심하라.

아직 솔로라면
이제라도 정욕적인 배필을 만나 겪는 힘든 과정을 원치 않는다면 필연적인 배필을 찾는 비결에 예민해져야 한다.

그리고 올바른 만남이 아닌 것에 대한
단호한 끝맺음의 결단도 필요하다.

그러므로 필연적인 배필을 만나기 위해서는
인내가 필요하다.

중요한 것은
이런 일에도 **영적, 육적, 지적, 도덕적인 분별력**은 필수이다.

그리고 환경 하나만으로

필연적인 배필을 분별하려는 것은 아주 위험한 일이다.

오히려 **환경을 넘어 존재하는**

나의 필연적인 배필을 볼 수 있어야 한다.

환경은 때가 되면

강권적으로 열리는 것이 **자연의 순리법칙**이다.

오히려 그러한 환경을 민감하게 바라보고

동참하기를 갈망해야 한다.

매일의 환경에서 내 행동과 사고와 태도와 자세가

올바른 기본마음 자세를 가지려는 패러다임에 부합할 때만 필연적인 배필을 만나는 것이 가능하다는 것을 인식하고 자신의 진정한 필연적인 배필을 꼭 만나게 되기를 기원하고 축복한다.

· 필연적 배필 실제 예시 ·

※ 보조기질, 부기질과는 무관하게 주기질 위주의 예시임

필연적인 배필	남편(55)	아내(53)	이혼경험	현재 상황
출신	경남 양산시	부산	없음	현재 결혼 생활 30년
기질	담즙질	담즙질		
직업	내과의사	치과의사		
첫 만남	1993년 8월			
결혼	1994년 3월			
자녀	2남 1녀			
필연적인 배필	남편(41)	아내(41)	이혼경험	현재 상황
출신	서울 관악구	경기 고양시	없음	현재 결혼 생활 11년
기질	다혈질	다혈질		
직업	회사원	보험회사		
첫 만남	2013년 1월			
결혼	2013년 8월			
자녀	1남 1녀			

필연적인 배필	남편(45)	아내(40)	이혼경험	현재 상황
출신	강원도 양양시	강원도 강릉시	남편 초혼 아내 재혼	현재 결혼 생활 17년
기질	점액질	점액질		
직업	내과의사	임상심리사		
첫 만남	2006년 4월			
결혼	2007년 3월			
자녀	2녀			

필연적인 배필	남편(50)	아내(47)	이혼경험	현재 상황
출신	경북 영천시	대구 달서구	없음	현재 결혼 생활 22년
기질	우울질	우울질		
직업	교사	교사		
첫 만남	2002년 7월			
결혼	2002년 11월			
자녀	3남 1녀			

• 필연적 배필 실제 예시 •

필연적인 배필	남편(53)	아내(39)	이혼경험	현재 상황
출신	대전 남구	베트남	남편 재혼 아내 초혼	현재 결혼 생활 19년
기질	다혈질	다혈질		
직업	농부	주부		
첫 만남	2003년 9월			
결혼	2005년 4월			
자녀	2남